LÜNEBURGER HEIDE

EINE ZUSAMMENFASSENDE DARSTELLUNG
SÄMTLICHER 229 GEMEINDEN
IN DEN NIEDERSÄCHSISCHEN HEIDEKREISEN
UND DEM LANDKREIS LÜCHOW-DANNENBERG

ÜBERSICHT

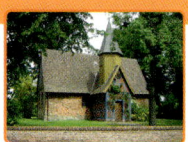

SEITEN 6-19

Landkreis Celle

4 Samtgemeinden/
16 Gemeinden
8 Einheitsgemeinden
1 gem.'freier Bezirk

besteht seit 1973

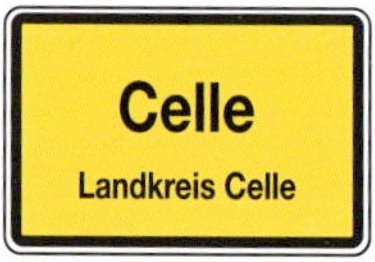

SEITEN 20-31

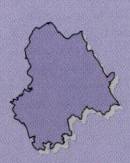

Landkreis Gifhorn

7 Samtgemeinden/
38 Gemeinden
3 Einheitsgemeinden

besteht seit 1974/1981

SEITEN 32-45

Landkreis Lüneburg

7 Samtgemeinden/
39 Gemeinden
4 Einheitsgemeinden

besteht seit 1974/1993

Celle
Landkreis Celle

Gifhorn
Landkreis Gifhorn

Lüneburg
Landkreis Lüneburg

INHALT

SEITEN 46-63

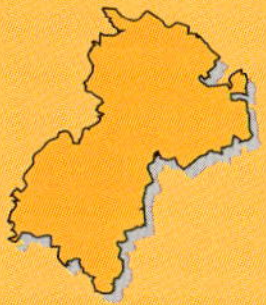

Soltau-Fallingbostel

3 Samtgemeinden/
14 Gemeinden
9 Einheitsgemeinden
1 gem.'freier Bezirk

besteht seit 1977

Bad Fallingbostel
Soltau-Fallingbostel

SEITEN 64-73

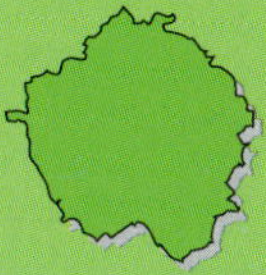

Landkreis Uelzen

6 Samtgemeinden/
27 Gemeinden
2 Einheitsgemeinden

besteht seit 1972

Uelzen
Landkreis Uelzen

SEITEN 74-87

Landkreis Harburg

6 Samtgemeinden/
36 Gemeinden
6 Einheitsgemeinden

besteht seit 1932

Winsen/L.
Landkreis Harburg

LÜNEBURGER HEIDE — AUF DEN PUNKT GEBRACHT

LANDKREIS LÜCHOW-DANNENBERG
plus Elbtalaue-Wendland

SEITEN 88–93

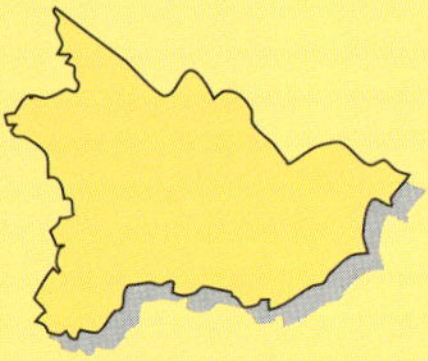

Kreis Lüchow-Dannenberg

3 Samtgemeinden
27 Gemeinden

besteht seit 1932

„Auf der Lüneburger Heide, in dem wunderschönen Land ..."

Die Zeilen stammen von Hermann Löns. Kein anderer Dichter ist so stark mit dieser Region verbunden und hat sich so sehr um ihren Ruf verdient gemacht. Die Lüneburger Heide ist eine seit Jahrtausenden bestehende, durch menschliche Bewirtschaftung entstandene Kulturlandschaft, mit offenen Weideflächen, mit Wäldern, Mooren, Bächen und Äckern. Die ursprüngliche Landschaft ist nur noch in kleinen Teilbereichen erhalten geblieben. Die moderne Landwirtschaft und andere Landnutzungen haben das Gesicht der Heide stark verändert.

Zu Beginn des 20. Jahrhunderts wurde der Verein Naturschutzpark gegründet, um durch Ankauf großer Flächen dieses alte Heidegebiet in seinem ursprünglichen Landschaftsbild zu erhalten. Begonnen hat alles 1906 als Pastor Wilhelm Bode aus Egestorf mit Spendengeld den „Totengrund", einen heute sehenswerten Talkessel bei Wilsede, kaufte und damit den Grundstein legte.

LÜNEBURGER HEIDE

Wir laden Sie ein in Niedersachsens Nordosten. In das Gebiet zwischen Elbe und Aller und insbesondere in seinen Kern, die Lüneburger Heide. Sie zählt heute sicher zu den landschaftlich reizvollsten Regionen des Landes.

Um ein eigenes Bild und einen umfassend vollständigen Eindruck von dieser Region zu bekommen, bietet dieser etwas andere Reiseführer facettenreiche und spannende Geschichten sowie touristische Highlights zum gezielten Auswählen. Der Spannungsbogen reicht dabei vom ruhigen und beschaulichen Naturerlebnis abseits der Verkehrswege bis zu den Sport- und Spass-Erlebnissen für die ganze Familie. Die Gemeinde-Portraits mit vollständigen Ortsteillisten umfassen immer eine ganze Seite. Dem interessierten Leser bietet sich gleich eine ganze Fülle an Reise-Tipps und Empfehlungen.

Ein ideales Nachschlagewerk für den Tagestouristen, den erholungsuchenden Großstädter und/oder (Rad-)Wanderer, der sich für seine Tour einen Überblick verschaffen möchte.

Bevor es los geht noch ein paar einleitende Worte zur Lüneburger Heide. Was gehört eigentlich zur Heide, wo beginnt sie und wo endet sie?

Bereits bei der Beschreibung des Heidegebietes stoßen wir auf Schwierigkeiten. Das Gebiet ist nicht klar abgegrenzt und so wurde es immer wieder unterschiedlich bezeichnet. Kurzgefasst bezeichnet man die Region zwischen Celle, Verden, Bremen und Lüneburg als Heideregion. Es hieß auch schon mal Soltauer Heide, also enger gefasst, als wir es heute verstehen. 1887 wurde es mit einer geologischen Begründung größer beschrieben: Östlich von der Elbe begrenzt, westlich von Aller und Weser, nördlich von Cuxhaven und südlich von Magdeburg und Wittenberge in Brandenburg. Heide war der Begriff für das von allen gemeinsam und aufgrund geologischer Gegebenheiten weiträumig in ähnlicher Weise bewirtschaftete Land.

Das Land hat der Pflanze Heide seinen Namen gegeben und nicht umgekehrt.

Zur Heide gehören heute die Mittelstädte wie Lüneburg, Uelzen und Celle. Im Abstand dazu folgen Städte wie Lüchow (Wendland) und Dannenberg, Gifhorn, Soltau oder Walsrode. Alle diese Orte kommen im Buch vor, um sämtliche Kreis-Gemeinden ergänzt. Dieser Reiseführer führt also erstmals alle Heide-Gemeinden und ihre wichtigen Ortsteile auf.

Damit haben Sie wirklich alle Reiseziele der Region im schnellen Zugriff.

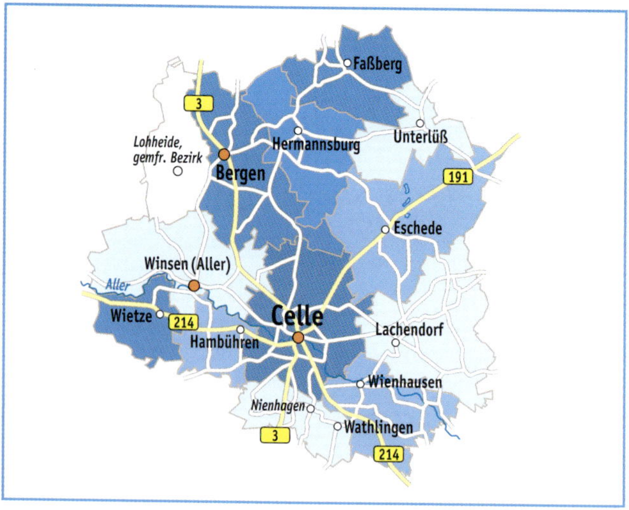
Faßberg
3
Unterlüß
Lohheide,
gemfr. Bezirk
Hermannsburg
Bergen
191
Eschede
Winsen (Aller)
Aller
Wietze
214
Celle
Hambühren
Lachendorf
Wienhausen
Nienhagen
Wathlingen
3
214

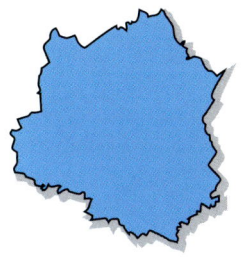

LANDKREIS CELLE

REISE-INFOS

Tourismus Region Celle GmbH
Altes Rathaus

Markt 14-16
29221 Celle
Tel. 05141 / 12 12
Fax 05141 / 124 59

info@region-celle.de
www.region-celle.de

>> LANDKREIS CELLE

FLÄCHE: 1544,92 km² ◆ **BEVÖLKERUNG: 179.681**

STADT CELLE · 70.580 EINWOHNER

plus 12 Ortsteile

Celle ist eine alte Herzogsstadt und wurde am Zusammenfluss von Fuhse und Aller gegründet. 990 wurde sie als Burgsitz (Altencelle) der Brunonen urkundlich erwähnt. Celle wurde von Beginn an planvoll angelegt. Ein Rechteck malerischer Fachwerkstraßen ist auf das Schloss bezogen. Mit Führungen sind im Schloss zugänglich die Prunkräume, die Schlosskapelle und das barocke Theater. Es handelt sich um das älteste fürstliche Theater in Deutschland.

Celles Altstadtkern ist ein Kleinod norddeutscher Fachwerkkunst mit über 560 Fachwerkbauten. Dazu kommen zahlreiche Plätze, Innenhöfe und Winkel. Hervorzuheben ist die Kalandgasse, ein verträumter, romantischer Straßenzug. Sehenswert ist hier die Lateinschule (1602) mit reichem Schnitzwerk. Der Straßenzug mündet in die Stechbahn, dem früheren Turnierplatz mit der 1530 erbauten Hof-, dann Löwenapotheke. Auf der anderen Seite der Stechbahn ragt die Stadtkirche empor. Ihre Bauzeit fällt mit der Zeit der Stadtgründung zusammen. Bedeutend sind die Grabmäler der Celler Herzöge im Chor der Kirche (1541-1648). Im Gebäudekomplex an der Stechbahn und am Schlossplatz befindet sich das „Bomann Museum Celle". Auf einer Ausstellungsfläche von ca. 5500 m² findet man Volkskunde, Landesgeschichte und die Geschichte der Stadt sowie moderne Kunst und eine der bedeutendsten Miniaturensammlungen. Im Museumsneubau nebenan befindet sich das erste 24-Stunden-Kunstmuseum der Welt.

Nachdem Herzog Otto der Strenge die Stadt Celle 1292 nach seinen Plänen anlegen ließ, entstand am Markt auch das Rathaus (1580). Es wurde im 14. und 16. Jahrhundert ausgebaut und reich verziert. Der Nordgiebel ist ein Meisterwerk der Weserrenaissance. Schräg gegenüber am Markt/Ecke Schuhstraße erklingt sechsmal am Tag zur vollen Stunde ein Glockenspiel.

Durch das Landgestüt ist Celle über seine Grenzen berühmt geworden. Alljährlich findet hier im Herbst die Hengstparade statt.

Standesamt Bergen

< Bergen, Stadt > ... 12.997 EINWOHNER – 14 OT (WOHNPLÄTZE)
BECKLINGEN, BELSEN, **BERGEN***, BLECKMAR, DIESTEN, DOHNSEN, EVERSEN, HAGEN, HASSEL, NINDORF, OFFEN, SÜLZE, WARDBÖHMEN, WOHLDE.

Die Stadt Bergen liegt im südwestlichen Teil der Lüneburger Heide. Bergen war Ende des 12. Jahrhunderts Mittelpunkt eines geistlichen Amtsbezirks und seit 1300 Sitz einer Amtsvogtei. Seit dem Jahre 1935, nach Errichtung eines großen Truppenübungsplatzes in der Lüneburger Heide, entwickelte sich Bergen zur Mittelpunktgemeinde. 1957 erfolgte schließlich die Verleihung der Stadtrechte.

Wälder, Moore und landwirtschaftliche Flächen sind landschaftsprägend. Zu seinen Sehenswürdigkeiten zählen ein im Original erhaltenes Vierständer-Fachwerkhaus, das 1913 von dem damaligen Präzeptor (altes Wort für Lehrer) Friedrich Römstedt (1849-1930) in ein Heimatmuseum umgewandelt wurde. Dem interessierten Besucher wird das bäuerliche Wohnen und Leben um die Jahrhundertwende anschaulich vermittelt. Eine interessante Ausstellung über archäologische Funde im Raum Bergen wird in der Zehntscheune des Museums gezeigt.

In der Ortschaft Sülze sind im „Afrika-Museum" Kulturgegenstände afrikanischer Stämme zu bestaunen. Liebevoll zusammengetragen von dem Lehrer Lotze aus Sülze (➜ Hügelgräber bei Wohlde).

Südlich von Bergen liegt die Gedenkstätte Bergen-Belsen. Von den ehemaligen Barracken des Konzentrationslagers sind nur Fundamente erhalten. In einem Dokumentenhaus wird die Geschichte des Lagers aufgezeigt und Dokumente über die Judenvernichtung ausgestellt.

TOURISMUS BERGEN

Tourismus Bergen e.V.
Deichend 3-7 · **29303 Bergen**
Telefon: 05051/479-0
Telefax: 05051/479-36
E-Mail: bergen@region-celle.de
Internet: www.region-celle.de

❖ Heimatmuseum und Afrika-Museum Sülze

HEIMATMUSEUM RÖMSTEDTHAUS

>> LANDKREIS CELLE

St. Laurentius-Kirche in Müden/Örtze

< Faßberg > ... 6.891 EINWOHNER – 4 ORTSTEILE (+ WOHNPLÄTZE)
FASSBERG*, MÜDEN (ÖRTZE), POITZEN, SCHMARBECK.

Faßberg wurde erst im Zuge der Gebietsreform 1977 gegründet und ist damit die jüngste Gemeinde im Landkreis. Der Ort selbst wurde 1933 als Wohnsiedlung für Soldaten und Zivilangestellte des hiesigen Fliegerhorstes gegründet. Der Name bezieht sich auf eine kaum merkliche Erhebung, dem Faßberg, der nahe Schmarbeck liegt. Den Ort Faßberg kennzeichnen planmässig angelegte Wohnhäuser, die heute weitgehend unter Denkmalschutz stehen. In Anlehnung an die Bauhaus-Tradition wurden in den 1960er Jahren moderne Wohnanlagen errichtet. Eingebettet in die ursprüngliche Heidelandschaft wirkt der Ort heute wie eine Gartenstadt mit kleinstädtischem Charakter.

Wichtigster Wirtschaftsfaktor ist nach wie vor die Bundeswehr mit einer Technischen Schule der Luftwaffe und dem Transporthubschrauberregiment 10. Am Waldweg befindet sich die „Erinnerungsstätte Luftbrücke" (Bild). Sie vermittelt ein wichtiges Kapitel aus der Ortsgeschichte. Zur Zeit der Berlin-Blockade wurde ein Großteil der Kohle, die nach Berlin transportiert wurde, von Faßberg aus, eingeflogen.

Müden an der Örtze war bereits um die Jahrhundertwende beliebtes Ausflugsziel und wurde von Schriftstellern und Künstlern geschätzt. Hermann Löns verbrachte hier seinen Urlaub. Der Lönsstein auf dem Wietzer Berg erinnert heute noch an den Lieblingsplatz des Heidedichters. Das beliebte Heidedorf hat sehr schöne alte Bauerngehöfte unter urwüchsigen Eichen (mit Bauerncafé) im Ortskern und aus Naturstein gepflasterte Straßen. Mittelpunkt ist die St. Laurentiuskirche mit einem freistehenden hölzernen Glockenturm. In der Wassermühle (1438, Korn- und Sägemühle) befinden sich die Touristinformation, Gemeindebücherei und Tagungs- bzw. Ausstellungsräume. Der Kieselgur-Rundwanderweg informiert über Kieselgurabbau in der Heide. Ausflüge zum Haußelberg oder dem Wacholderwald bei Schmarbeck sind möglich.

Oldauer Wasserkraftwerk (in Betrieb)

< Hambühren > ... 10.206 EINWOHNER – 4 OT (+ WOHNPLÄTZE)
HAMBÜHREN I, HAMBÜHREN II, OLDAU, **OVELGÖNNE***

Hambühren besteht als Einheitsgemeinde seit 1970. Sie wurde gebildet aus dem Altdorf „Hambühren I" und der Siedlung „Hambühren II", Oldau, Ovelgönne, Schönhop und den Gütern Rixförde und Allerhop.

Die Siedlung Hambühren II entstand ursprünglich als Standort einer Munitionsfabrik außerhalb des alten Dorfes Hambühren.

Die heutige Gemeinde liegt am Rande eines riesigen Waldgebiets, des Wietzenbruchs. Lange ging es hier recht beschaulich zu. Bis Anfang der vierziger Jahre ein erstes Kasernengebäude errichtet wurde. Es folgte eine Munitionsfabrik „Muna", die während des Zweiten Weltkrieges im großen Umfang Munition produzierte. Nach dem Zusammenbruch des Dritten Reichs ließen die Alliierten die Fabrik sprengen. Nicht alles ist beseitigt und so finden sich in der Umgebung noch Altlasten wie Bunker-Reste im Wald. Munitionsbunker und -lagerhäuser der ehemaligen Lufthauptmunitionsanstalt wurden nach dem Krieg entmilitarisiert und zu neuem Wohnraum umgebaut. So entstanden Wohnungen, Geschäfte und sogar die ev. Auferstehungskirche (seit 1950) ist aus einer Munitionslagerhalle hervorgegangen. Sie steht heute unter Denkmalschutz.

Das historische Oldauer Wasserkraftwerk liefert bereits seit 1911 Strom. Als technisches Denkmal (seit 1974) ist es nach wie vor in Betrieb. Ein kleines Museum vom Heimatverein befindet sich gleich daneben in einem Gebäude mit Ausstellungsraum. Hambührens Altdorf ist heute ein Ort mit typischem Heidedorfcharakter, hübschen Bauernhäusern unter Eichenbäumen. Ein Strandbad gibt es in Ovelgönne.

TOURIST-INFORMATION

Touristinformation Müden-Faßberg
Unterlüßer Str. 5 · **29328 Faßberg-Müden**

Telefon: 05053/9892-22
Telefax: 05053/9892-23
info@touristinformation-mueden.de
www.touristinformation-mueden.de

❖ „Erinnerungsstätte Luftbrücke"

GEMEINDE HAMBÜHREN

Gemeinde Hambühren
Versorstraße 7 · **29313 Hambühren**

Telefon: 05084/6010
Telefax: 05084/60-137
E-Mail: info@hambuehren.de
Internet: www.hambuehren.de

❖ Historisches Wasserkraftwerk (mit Museum)

>> LANDKREIS CELLE

Ludwig-Harms-Haus

< Hermannsburg > ... 8.260 EINWOHNER – 6 OT (+ WOHNPLÄTZE)
BAVEN, BECKEDORF, BONSTORF, **HERMANNSBURG***, OLDENDORF, WEESEN.

Hermannsburg blickt auf eine mehr als 1000-jährige Geschichte zurück. Im Tal der Örtze liegt der Ort etwa 25 km nördlich der Kreisstadt Celle. Weitläufige Wald- und Heideflächen im östlichen Teil und die Flussniederung der Örtze sowie ausgedehnte landwirtschaftliche Flächen im Westen charakterisieren die Landschaft. Bäuerlich geprägte Dörfer mit idyllisch gelegenen Einzelgehöften zeichnen die Umgebung von Hermannsburg aus. Die leicht wellige Landschaft wurde einst durch die Eiszeiten geformt.

Sachsenherzog Hermann Billung (der bis 973 lebte) errichtete hier eine Burg zur Abwehr der Wenden in deren Umgebung sich später der Ort entwickelte und ihm seinen Namen gab. Überregionale Bedeutung und einen weltweiten Ruf erlangte der Heideort Mitte des 19. Jahrhunderts durch die Gründung der Hermannsburger Mission 1849, die aus einer geistlichen Erweckung durch den damaligen Pastor Ludwig Harms (1808-1865) hervorging. Seine Missionsziele sah er in Afrika und später auch in allen anderen außereuropäischen Kontinenten. Die ersten in Hermannsburg ausgebildeten 16 Missionare machten sich 1853 mit einem eigens dafür gebauten Schiff „Kandaze" auf die Reise nach Afrika. Das Ludwig-Harms-Haus informiert in einer umfassenden Ausstellung über die Geschichte und die heutige Arbeit der Missionsgesellschaft, die seit 1977 den Namen Ev.-luth. Missionswerk (ELM) trägt. Im Haus gibt es einen integrierten Ladenbereich (Bücher, Geschenke, Welt-Laden) und einen Gästebereich mit Café, Seminarräumen und Übernachtungsmöglichkeiten. (➔ Heimatmuseum, Flusswald-Erlebnispfad).

TOURIST-INFORMATION

Hermannsburg + Unterlüß
Harmsstraße 3a · **29320 Hermannsburg**
Telefon: 05052/8055
Telefax: 05052/8423
info@touristinfo-hermannsburg.de
www.touristinfo-hermannsburg.de

❖ Heimatmuseum mit Außenanlage und Backofen

BAUERNHAUS

> CE

Bahnstation Unterlüß

< **Unterlüß** > ... 3.798 EINWOHNER – 1 OT + 9 WOHNPLÄTZE LUTTERLOH, **UNTERLÜSS*** (MIT LÜNSHOLZ, NEUENSOTHRIETH, NEU LUTTERLOH, NEU SCHRÖDERHOF, RAAKAMP, SCHAFSTALL, SIEDENHOLZ, THEERHOF).

Unterlüß mit seinem Ortsteil Lutterloh und zahlreichen Wohnplätzen liegt inmitten des einzigartigen 8000 Hektar großen Lüßwaldes. Es ist eine der waldreichsten Gemeinden Deutschlands, vollständig von Wald- und Heideflächen umgeben. Entstanden ist die junge Siedlung erst durch den Bau der Bahnstrecke Hannover-Hamburg. Ein allererster Zug hielt hier am 1. Mai 1847. So erreicht man Unterlüß also nicht nur mit dem Auto sondern kann auch bequem mit der Eisenbahn anreisen.

Der Lüßwald besteht aus Kiefern, Fichten, Buchen, Eichen und Birken und ist ein imposantes Waldgebiet. Stundenlanges Wandern in unberührter Heide und einsame Heidehöfe beeindrucken den Besucher. Empfehlenswert ist eine Tour zum Lüßberg (130 m) und weiter nach Weyhausen, in anderer Richtung geht es zum Hausselberg (119 m).

Im Ort befindet sich das Albert-König-Museum (Maler und Grafiker, 1881-1944). Untergebracht ist es im ehemaligen Wohnhaus des Künstlers, der es verstanden hat, Landschaften der Heide in unvergleichlicher Art darzustellen. Der Maler hat sich auch mit der vom Menschen ausgebeuteten Landschaft auseinandergesetzt. Es finden ständig wechselnde Ausstellungen statt. Im Erweiterungsbau des Museums ist die Dauerausstellung „Kieselgur – die Erlebnisausstellung" zu sehen.

Am Lüßberg befindet sich ein Naturwaldreservat und im Ortsteil Lutterloh steht ein 150 Jahre alter Speicher (Foto).

VERKEHRSVEREIN UNTERLÜSS

Verkehrsverein Unterlüß e.V.
Albert-König-Straße 10 · **29345 Unterlüß**

Telefon: 05827/970212
Telefax: 05827/970213
E-Mail: info@touristinfo-unterluess.de
Internet: www.touristinfo-unterluess.de
www.unterluess.de

❖ Albert-König-Museum (Maler und Grafiker)

ALBERT-KÖNIG-MUSEUM

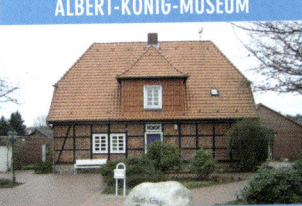

>> LANDKREIS CELLE

Deutsches Erdölmuseum Wietze

< Wietze > ... 8.101 EINWOHNER − 4 ORTSTEILE
HORNBOSTEL, JEVERSEN, WIECKENBERG, **WIETZE***.

Häuser und Gehöfte reihen sich wie Perlen an einer Kette. Bei einer Durchfahrt durch den Ort Wietze am Rande der Lüneburger Heide kann man dies beobachten. Beeindruckende 3,2 Kilometer mißt die Dorflänge. Ursprünglich war es ein Dorf wie viele andere auch. Doch Bodenschätze haben es reich und berühmt gemacht. Erst Raseneisenerz und im Jahre 1858 wurde hier eine der weltweit ersten Bohrungen vorgenommen. Statt auf Braunkohle stieß man auf eine zähe schwarze Flüssigkeit. Der Beginn des einsetzenden Ölrausch, der nicht mehr aufzuhalten war. Bald waren 52 in- und ausländische Gesellschaften auf der Suche nach diesem kostbaren Schatz.

Wietze in der Heide wurde zum „Klein-Texas". 1908 lieferte es ca. 80% der deutschen Ölproduktion. Bis 1963 wurden rund 3 Mio. Tonnen Erdöl gefördert, dann wurde die Arbeit eingestellt. Vom Wietzer Ölberg, einer Ölsandhalde, hat man einen schönen Ausblick in die Natur. Das Deutsche Erdölmuseum mit seinen vielen Exponaten erinnert an die industrielle Vergangenheit. Ein Teil des damaligen Ölfeldes blieb erhalten. Nun wird den Besuchern auf unterhaltsame Weise Interessantes und Wissenswertes zum Rohstoff nahegebracht. Auf dem Gelände stehen einige Original- und Nachbauten der Fördertechnik.

In Wieckenberg befindet sich die Gutskapelle des Herzogengünstlings Francesco Maria Capellini, genannt Stechinelli-Kapelle (1692). Äußerlich wirkt der Fachwerkbau wie eine Scheune, innen ist er mit Ranken und Schnitzwerk über Herrschaftssitzecke, Altar und Kanzel versehen. Im nahen Waldschmiedemuseum wird die Verhüttung von Raseneisenstein zu Eisen gezeigt.

GEMEINDE WIETZE

Gemeinde Wietze
Steinförder Straße 4 · 29323 Wietze
Telefon: 05146/507-0
Telefax: 05146/507-11
E-Mail: info@wietze.de
Internet: www.wietze.de

❖ Deutsches Erdölmuseum, Waldschmiedemuseum

STECHINELLI-KAPELLE

Rathaus Winsen (Aller)

> CE

< Winsen (Aller), Stadt >... 12.840 EINWOHNER – 8 ORTSTEILE BANNETZE, MEISSENDORF, STEDDEN, SÜDWINSEN, THÖREN, WALLE, **WINSEN***, WOLTHAUSEN.

Winsen an der Aller ist ein staatlich anerkannter Luftkurort und zentraler Ort im Westen des Landkreises Celle. Im 12. Jahrhundert wird es in einem Güterverzeichnis des Klosters Corvey erstmals als „Wynhausen" (Weideland) urkundlich erwähnt. Der Luftkurort schloss sich im Zuge der Gebietsreform mit weiteren Heidedörfern zusammen. Ursprünglich bestand er einmal aus acht bis zehn Höfen. Die günstige Lage an einer Allerfurt am Kreuzpunkt zweier wichtiger Handelsstraßen entwickelte Winsen zum Gerichtssitz und Sitz der Amtsvogtei. Die Prinzensteine im Ortsteil Südwinsen erinnern an das Jahr 1388 als in der Schlacht bei Winsen der Lüneburger Erbfolgekrieg zugunsten der Welfen entschieden wurde. Sehenswert ist der Winsener Museumshof auf dem Galgenberg. Er stellt eine für die Südheide typische bäuerliche Hofanlage mit historischen Gebäuden aus dem 17.-19. Jahrhundert dar. Das alte Bauernhaus „Dat groode Hus" (1795) ist gleichzeitig Kulturzentrum der Gemeinde. Hier finden Ausstellungen, Konzerte und Vorträge statt. Der Kalandhof (1781) dient heute als einladendes Café, Seminar- und Magazingebäude. Winsens Wahrzeichen ist die Bockwindmühle (1732) auf dem Mühlenberg. Sehenswert ist auch das Rathaus (1725), das Junkerntor (1639) und die St. Johanneskirche, 1822 im got. Stil erbaut. In der Umgebung gibt es mit den Meißendorfer Teichen und Bannetzer Moor und dem Goosemoor zwei einzigartige Moor-Naturschutzgebiete. Die Meißendorfer Fischteiche sind die größte Seenlandschaft der Heide. (Camping, Rundwanderweg, Gut Sunder).

TOURIST-INFORMATION

Winsen (Aller) + Wietze
Am Amtshof 4 · **29308 Winsen (Aller)**
Telefon: 05143/912212
Telefax: 05143/912213
E-mail: winsen.aller@region-celle.de
Internet: www.region-celle.de

❖ Winsener Museumshof (Freilichtmuseum)

BOCKWINDMÜHLE WINSEN

>> LANDKREIS CELLE

Gedenkstätte Eschede

< Samtgemeinde Eschede > ... 6.247 EINWOHNER – GEMEINDEN **ESCHEDE*** – 3.760 EINWOHNER – HABIGHORST, HÖFER, SCHARNHORST.

Eschede ist seit 1197 als „villa esge" bekannt. Über „Esche" kam es zu seinem heutigen Namen. Die Samtgemeinde zählt heute 20 kleine Dörfer, von denen der größte Teil im Naturpark Südheide liegt. In dem dünn besiedelten Gebiet wechseln sich weite Wälder mit feuchten Niederungen, urwüchsigen Moorlandschaften, kleinen Fließgewässer und bewachsenen Heideflächen ab.

Eschede ist seit über 150 Jahren eine Bahnstation an der Bahnstrecke Hannover-Hamburg. Daher rührt auch ihre traurige Berühmtheit, als im Juni 1998 ein schweres ICE-Unglück die Republik und die Welt erschütterte. Am Unfallort, der Rebberlahe Brücke, ist eine Gedenkstätte entstanden: 101 Kirschbäume und eine 8 Meter lange Gedenkstele mit den Namer aller 101 Opfer.

Eschede ist ein Magnet für Kulturbegeisterte. Wahrzeichen des Ortes ist die restaurierte „Flohrmühle" (1874). Sie dient als Galerie und das Trauzimmer des Standesamtes ist hier untergebracht. Die eher schlichte Johanniskirche von 1713 überrascht durch ihre barocke Innenausstattung. Einer, der sich von der Landschaft inspirieren ließ, war der hier lebende Maler Albert König (1881-1944). „Magische Orte", dahinter versteht man in Eschede Kunst-Skulpturen, die in die Landschaft gesetzt wurden. Sie erinnern an Orte („Magische Orte"), wo der Sage nach historische Ereignisse passierten oder sie zeigen markante Geländepunkte auf. An der magischen Kreuzung in Weyhausen röhrt beispielsweise auf einem Eichensockel Eugen Egners „Synthetischer Hirsch". Hier befand sich einmal ein altes Jagdschloss.

TOURIST-INFORMATION

Tourist-Information Eschede
Südheide Bahnhof · **29348** Eschede
Telefon: 05142/416415
Telefax: 05142/416414
E-Mail: info@touristinfo-eschede.de
Internet: www.touristinfo-eschede.de

❖ Flohrmühle (Galerie und Trauzimmer)

FLOHRMÜHLE ESCHEDE

> CE

Kloster Wienhausen

< Samtgemeinde Flotwedel > ... 11.478 EINWOHNER · GEMEINDEN BRÖCKEL, EICKLINGEN, LANGLINGEN, **WIENHAUSEN*** – 4.190 EINWOHNER.

Der Heideort Wienhausen liegt südöstlich von Celle an der Aller. Erstmals wurde er 1022 als Huginhusen urkundlich erwähnt. Die Region beeindruckt durch eine Vielzahl gut erhaltener Fachwerkhäuser, historischer Speicher und Bauernhöfe. So trifft man das Vierständerhaus hier häufiger an. Von herausragender Bedeutung ist das ab dem frühen 13. Jahrhundert errichtete Kloster in Wienhausen. Ein Juwel niederdeutscher Backsteingotik und Fachwerkbaukunst. Das ehemalige Zisterzienserinnenkloster wurde von einer Schwiegertochter Heinrichs des Löwen 1221 gegründet und ist 1228 hierher verlegt worden.

Seit 1549 ist das Kloster nun schon evangelisch-lutherisches Damenstift. Die rote backsteingotische Klosteranlage birgt Kunstschätze von Rang, darunter neun gotische Wandteppiche (14. und 15. Jahrhundert), die von Nonnen gestickt wurden. Die ältesten in Deutschland erhalten gebliebenen Brillen – aus dem 14. und 15. Jahrhundert – wurden im Kloster gefunden und werden ebenfalls ausgestellt.

Für Besucher geöffnet ist das Kloster in der Saison von April bis Oktober. Die Teppichwoche (mit Führungen) beginnt immer nach Pfingsten und dauert etwa eine Woche. In dieser Zeit finden keine Klosterführungen statt. Eine Ausstellung der kostbaren Bildteppiche findet nach der Teppichwoche die ganze Saison über statt.

Sehenswert ist auch der Glockenturm neben dem Kloster und das ehemalige Rathaus (1968-2003) in einer ehemaligen Wassermühle von 1591. Im Dorfmuseum Langlingen (Sonntags geöffnet) sind bäuerliche Kultur und Arbeit anschaulich erlebbar.

VERKEHRSVEREIN FLOTWEDEL E.V.

Touristinformation Wienhausen
Hauptstraße 7 · 29342 Wienhausen

Telefon: 05149/8899
Telefax: 05149/8895
E-Mail: verkehrsverein@wienhausen.de
Internet: www.region-celle.de

❖ Kloster Wienhausen (Tel. 05149/18660)

WASSERMÜHLE WIENHAUSEN

"Häuslingshaus" - Haus für Papiergeschichte"

>> LANDKREIS CELLE

< Samtgemeinde Lachendorf > ... 12.480 EINWOHNER – GEMEINDEN AHNSBECK, BEEDENBOSTEL, ELDINGEN, HOHNE, **LACHENDORF*** - 5.754 EW.

Die Samtgemeinde besteht aus 17 Dörfern und grenzt östlich an das Stadtgebiet von Celle. **Lachendorf** als der Verwaltungssitz liegt an der hier ins Allerurstromtal „mündenden" Lachte. Dementsprechend deutet auch der Name auf das „Dorf am Wasser" hin. Die Gemeinde setzt sich zusammen aus Bunkenburg, Gockenholz, Jarnsen und dem Kernort. Lachendorf ist heute ein aufstrebendes Industriedorf, das einst um eine Papierfabrik wuchs. Sie existiert schon seit 1538. Angefangen hat alles einmal mit fürstlichen Edikten. Heute produziert man Spezialpapiere, die man in Geldinstituten braucht. Sie werden weltweit exportiert.

In der Gemeinde Eldingen gibt es den kleinen verträumten Heideort Bargfeld (150 Einwohner). Dort ist heute die Arno Schmidt Stiftung zu Hause. Sie bewahrt das Andenken des Schriftstellers Arno Schmidt (1914-1979), der hier 20 Jahre, ab 1958 bis zu seinem Tode ein zurückgezogenes und arbeitsbesessenes Dichterleben lebte. Auf dem angrenzenden Grundstück befinden sich das Wohnhaus, das Grab und das Archiv des Dichters (Besichtigung der Gedächtnisstätte nach Terminabsprache). Nur einen Spaziergang von der Arno Schmidt Stiftung entfernt, hält „Das Bücherhaus", ein Antiquariat, neben seinem reichhaltigen Angebot an Literatur, Kunst und Porträtgraphik besonders die Werke Arno Schmidts und zahlreicher von ihm gepriesener Autoren in Einzel- und Gesamtausgaben vorrätig.

Die Route „Magische Orte" soll an historische Ereignisse erinnern. So finden sich die „Die Geschworenen" (7 Holzskulpturen) in Beedenbostel oder in Schmarloh der sagenumwobene „Schmarlohjasper".

SAMTGEMEINDE LACHENDORF

Samtgemeinde Lachendorf
Oppershäuser Str. 1 · **29331 Lachendorf**
Telefon: 05145/970-0
Telefax: 05145/970-111
E-mail: info@lachendorf.de
Internet: www.lachendorf.de

❖ Arno-Schmidt-Stiftung

SAMTGEMEINDE WATHLINGEN

Samtgemeinde Wathlingen
Am Schmiedeberg 1 · **29339 Wathlingen**
Telefon: 05144/491-0
Telefax: 05144/491-77
samtgemeinde-wathlingen@wathlingen.de
www.samtgemeinde-wathlingen.de

❖ Schlauchturm mit Glockenspiel

> CE

Schlauchturm mit Glockenspiel (16 Glocken)

< Samtgemeinde Wathlingen > ... 15.041 EINWOHNER
ADELHEIDSDORF, NIENHAGEN, **WATHLINGEN*** – 6.239 EINWOHNER.

Wathlingen ist ursprünglich ein Bauerndorf und erlebte durch die Entdeckung eines Salzstocks 1898 und dem anschließenden Aufbau des Kaliwerkes „Niedersachsen" (1905) einen bedeutenden Aufschwung. Die Bevölkerung verdoppelte sich nahezu. Die Gemeinde wurde reich. 1996 wurde die Kaliproduktion eingestellt. Geblieben ist eine rund 100m hohe Abraumhalde und der Bergmannsverein „Glück Auf".
Wathlingens ältestes Gebäude ist die St. Marienkirche, ein Ziegelbau teilweise auf das 14. Jahrhundert zurückgehend. Bei Renovierungsarbeiten wurden gotische Wandmalereien entdeckt. Ein besonderes Ereignis findet im Sommer statt, das Musikfestival. Dann spielen mitten im Dorf auf den Straßen verschiedene Musikbands Jazz, Rock, Pop und Volksmusik. Eine Besonderheit verbindet Wathlingen mit seinem Nachbarn Nienhagen. Beide teilen sich nämlich einen Ortsteil. So verläuft mitten durch den Ortsteil Papenhorst die Gemeindegrenze. Das zweifach beschriftete Ortsschild ruft schon Verwunderung hervor, sofern man es überhaupt bemerkt. Papenhorst ist ansonsten ein ganz normaler Ort mit einem beliebten Freibad und großer Liegewiese.

Nienhagen ist eine ehemalige Hagensiedlung, die 1221 mit dem Bau des Klosters „Neuen Hagen" seinen Namen bekommen hat. Angelegt wurde es durch Agnes von Meißen, Schwiegertochter Heinrichs des Löwen, auf dem Nienhäger Areal, das heute noch „Klosterhof" genannt wird. Das Kloster wurde später nach Wienhausen verlegt. Der Ort machte in den 1920er Jahren durch große Erdölvorkommen von sich reden. In den darauffolgenden zwei Jahrzehnten war Nienhagen größtes deutsches Erdölfördergebiet. Das ehemalige Betriebsgelände der Erdölproduzenten wurde 1993 stillgelegt und renaturiert. Heute ist Nienhagen ein modernes Dorf mit schönen alten niedersächsischen Fachwerkbauten. Der alljährliche Höhepunkt ist das Hachefest in Erinnerung an die mittelalterliche Gründung der Hagensiedlung. Adelheidsdorf entstand als Kolonie in den Jahren 1824-1838 entlang der Chaussee von Hannover nach Celle. Seinen Namen bekam es zu Ehren der damaligen Königin Adelheid von England und Hannover, der Gattin Wilhelm IV.

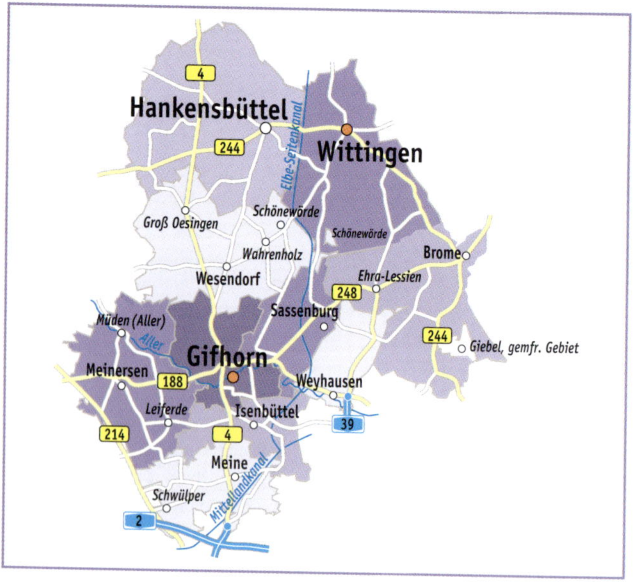
4
Hankensbüttel
Elbe-Seitenkanal
244
Wittingen
Groß Oesingen
Schönewörde
Schönewörde
Wahrenholz
Brome
Wesendorf
Ehra-Lessien
248
Sassenburg
Müden (Aller)
Aller
244
Giebel, gemfr. Gebiet
Gifhorn
Meinersen
188
Weyhausen
Leiferde
Isenbüttel
39
214
4
Meine
Mittellandkanal
Schwülper
2

LANDKREIS GIFHORN

REISE-INFOS

Tourismus GmbH Gifhorn

Marktplatz 1
38518 Gifhorn
Tel. 05371 / 881 75
Fax 05371 / 883 11
info@suedheide-gifhorn.de
www.stadt-gifhorn.de

>> LANDKREIS GIFHORN

FLÄCHE: 1562,51 km² ◆ **BEVÖLKERUNG:** 173.635

STADT GIFHORN · 41.798 EINWOHNER   plus 5 Ortsteile

Gifhorn liegt 25 Kilometer nördlich von Braunschweig an der Mündung der Ise in die Aller am Südrand der Lüneburger Heide. 1197 wurde es erstmals erwähnt, entwickelte sich im 14. Jahrhundert am Schnittpunkt zweier schon im Mittelalter bedeutender Handelsstraßen zu einem Marktflecken. Hier kreuzten sich die alte Salzstraße von Lüneburg nach Braunschweig und die Kornstraße von Magdeburg nach Celle.

Trotz einer Wasserburg zum Schutz der Siedlung (13. Jh.) und der Stadtrechte, die ihr im 14. Jahrhundert verliehen wurden, blieb das Gemeinwesen recht unbedeutend. Nach der Zerstörung der Burg (1519) wurde ein Renaissanceschloss (1525) errichtet. Es war zwischen 1539 und 1549 Regierungssitz des Herzogs Franz von Braunschweig-Lüneburg und beherbergt heute den Sitz der Kreisverwaltung und das „Historische Museum".

Der wirtschaftliche Aufschwung setzte nach 1950 mit der Ansiedlung von Industriebetrieben und der Stationierung einer Bundesgrenzschutzeinheit ein. Neben einer Reihe von gut erhaltenen Bürgerhäusern (16.-18. Jh.), der Nikolaikirche (1744) in der Altstadt und dem Welfenschloss besitzt Gifhorn ein bemerkenswertes „Internationales Wind- und Wassermühlenmuseum". Seit 1980 besteht es mit mittlerweile 15 imposanten Mühlen in Originalgröße aus elf Ländern. Die Mühle von Sanssouci ist die größte und bietet von ihrer offenen Galerie einen Rundblick über den Park. Hinzu gesellen sich ein paar niedersächsische Fachwerkhäuser (u.a. Brothaus) und eine russisch-othodoxe Holzkirche.

Ortsteile: Gamsen, Kästorf, Neubokel, Wilsche, Winkel.

TOURISTINFORMATION GIFHORN

Touristinformation Gifhorn
Marktplatz 1 · **38518 Gifhorn**

Telefon: 05371/88-175
Telefax: 05371/88-311
E-Mail: info@suedheide-gifhorn.de
Internet: www.suedheide-gifhorn.de

❖ Internat. Wind- und Wassermühlenmuseum

MÜHLENMUSEUM GIFHORN

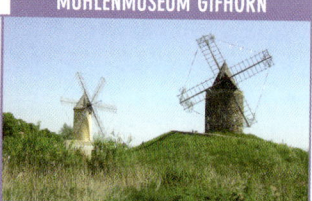

> GF

Moorbahnfahrten durchs „Große Moor"

< Sassenburg >... 10.996 EINWOHNER – 6 ORTSTEILE DANNENBÜTTEL, GRUSSENDORF NEUDORF-PLATENDORF, STÜDE, TRIANGEL, **WESTERBECK***.

Sassenburg ist eine Gemeinde am Rande der Lüneburger Heide, in unmittelbarer Nähe der Kreisstadt Gifhorn. Ihr Name leitet sich von einer an der Aller gelegenen Fluchtburg der Sachsen ab (unweit von Westerbeck). Die Gegend ist vorwiegend von land- und forstwirtschaftlichen Flächen umgeben. Wald- und Heideflächen, Moore und Wasserläufe prägen die Landschaft. Ein Anziehungspunkt ist der in der Ortschaft Stüde gelegene „Freizeitpark Bernsteinsee". Es handelt sich um einen von Wäldern umgebenen 10 ha großen kristallklaren See, der unmittelbar am Elbe-Seitenkanal liegt. Der See hat einen weißsandigen Badestrand und in dem parkähnlich angelegten Feriengelände befinden sich Mobilheim- und Ferienheimgrundstücke sowie Jahresplätze für den Caravanurlauber. Gleich nebenan ist ein Segelflugplatz mit Segelflugschule.

Absolut rekordverdächtig ist das sogenannte Reihendorf **Neudorf-Platendorf** (5,266 km). Als Moorsiedlung angelegt, weist der Ort die zweitlängste schnurgerade Ortsdurchfahrt in Niedersachsen auf. Zusammen mit dem vorgelagerten Ort Triangel (1,596 km) erreicht man zusammengerechnet eine Ortsdurchfahrt von 6,862 Kilometern. Die Häuser stehen in Reihe, links und rechts der Straße. Das „Große Moor", wo noch Torfabbau betrieben wird, verhinderte die gewohnte Dorfbebauung und so wurde es ein Straßendorf. Zuschauen beim Torfabbau im „Großen Moor" ist interessant. Es finden Moorlehrfahrten in Westerbeck (mit Moorlehrpfad, ein Rundwanderweg) statt. In Grußendorf befindet sich das ET-Zweiradmuseum (Voranmeldung: 05379/1669).

GEMEINDE SASSENBURG	BERNSTEINSEE BEI STÜDE
Südheide Gifhorn GmbH Marktplatz 1 · **38518 Gifhorn** Telefon: 05371/88-175 05371 / 688-10 Telefax: 05371/88-311 E-Mail: info@suedheide-gifhorn.de Internet: www.suedheide-gifhorn.de ❖ Erholungszentrum Bernsteinsee	

>> LANDKREIS GIFHORN

Bronzefiguren auf dem Marktplatz

< Wittingen, Stadt > ... 11.916 EINWOHNER – PLUS 23 ORTSTEILE BOITZENHAGEN, DARRIGSDORF, ERPENSEN, EUTZEN GANNERWINKEL, GLÜSINGEN, HAGEN BEI KNESEBECK, KAKERBECK, KNESEBECK, KÜSTORF, LÜBEN (RUNDLINGSDORF), MAHNBURG, OHRDORF, PLASTAU (RUNDLINGSDORF), RADE, RADENBECK, SCHNEFINGEN, STÖCKEN, SUDERWITTINGEN, TESCHENDORF, VORHOP (MIT TRANSVAAL), **WITTINGEN***, WOLLERSOTRF, WUNDERBÜTTEL, ZASENBECK.

Wittingen ist ein kleines Bierbrauerstädtchen in der Südheide. Die ortsansässige Brauerei befindet sich bereits seit 1429 in Familienbesitz. Eine Brauereibesichtigung ist auf Anfrage möglich. Ansonsten verfügt die Stadt über eine historische Wallanlage, alte Fachwerkhäuser und den Junkerhof (1529). Der ehemalige Sitz der Ritterfamilie „von dem Knesebeck" wurde an den jetzigen Standort umgesetzt. Dort befindet sich das Stadtarchiv und eine historische Ausstellung. Die St. Stephanuskirche überragt den Marktplatz. Im Innern ist eine barocke Orgel von 1738/40. Auf dem Marktplatz erinnern aufgestellte bronzene Figurengruppen an das von Landwirtschaft und Handwerk geprägte Wittingen. Zu den Bronzefiguren zählen der „Schusterjunge", das „Gänseliesel", der „Braumeister" und die „Bauerngruppe". Eine Windmühle steht im Ortsteil Ohrdorf.

In Knesebeck befindet sich ein Treppenspeicher (1835, Haus der Landschaft) mit einer Ausstellung zu Heide, Moor, Forst sowie Waldarbeitswerkzeugen, Forstmess- und Torfgewinnungsgeräten. Das Rundlingsdorf Lüben besitzt das „Museum im Dorf". Dort werden land- und hauswirtschaftliche Geräte und Maschinen gezeigt. Eine Grenz-Ausstellung befindet sich im Dorfgemeinschaftshaus Zasenbeck.

STADT WITTINGEN

Südheide Gifhorn GmbH
Bahnhofstr. 29a · **29386 Hankensbüttel**
Telefon: 05832/7066
Telefax: 05832/7068
E-Mail: hkb@suedheide-gifhorn.de
Internet: www.suedheide-gifhorn.de

❖ Privatbrauerei Wittingen (Besichtigungen)

SPEICHER KNESEBECK (1835)

> **GF**

Gemeindebüro Bokensdorf

< Samtgemeinde Boldecker Land > ... 9.950 EINWOHNER
BARWEDEL, BOKENSDORF, JEMBKE, OSLOSS, TAPPENBECK,
WEYHAUSEN* – 2.649 EINWOHNER.

Das alte Boldecker Land wurde 1972 in seinem historisch gewachsenen Rahmen als Verwaltungseinheit wieder zusammengefügt. Den Namen hat es möglicherweise von den Knüppeldämmen (Bohlwege), mit denen man zu den Flussniederungen der Großen und Kleinen Aller vordrang. Heute bilden insgesamt sechs Mitgliedsgemeinden am südöstlichen Rand des Kreises das Boldecker Land. Es bildet zugleich die nordwestliche Grenze zur Stadt Wolfsburg.

Unter Einbeziehung slawischer Siedlungselemente und Siedler entstanden die Rundlingsformen der Dörfer Bokensdorf, Jembke und Weyhausen. Besonders gut erhalten ist der Rundling **Bokensdorf** auf einem inselartigen Sporn von drei Bachniederungen umgeben. **Jembke** dagegen war Kirchdorf. Im Ortskern steht die St. Georgs-Kirche (um 1195).

Weyhausen ist der zentrale Ort und muss bereits in vorgermanischer Zeit besiedelt gewesen sein. 1350 brannte es vollständig ab und wurde an gleicher Stelle neu aufgebaut. Das Alte Rathaus war früher Schule und wird heute als Seniorenwohnanlage genutzt.

Durchs Gemeindegebiet zieht sich von Ost nach West das eiszeitlich geprägte Urstromtal der Aller. Entlang des nördlichen Talrandes findet sich ein weitgehend naturbelassener Lauf der Aller mit zugehörigen Allerwiesen. Im zentralen Teil befindet sich mit dem Barnbruchswald eines der größten Damwildvorkommen im Kreis. Im südlichen Bereich sind Endmoränenzüge sichtbar. Die höchste Erhebung ist der Hohe Berg in Barwedel (102 m) mit einem Funkturm.

SAMTGEMEINDE BOLDECKER LAND

Südheide Gifhorn GmbH
Marktplatz 1 · **38518 Gifhorn**
Telefon: 05371/88-175
Telefax: 05371/88-311
E-Mail: info@suedheide-gifhorn.de
Internet: www.gifhorn.de

❖ Rundlingsdörfer Bokensdorf, Jembke, Weyhausen

BARWEDELER FISCHTEICH

>> LANDKREIS GIFHORN

Burg Brome

< Samtgemeinde Brome > ... 15.443 EINWOHNER – 7 GEMEINDEN BERGFELD, **BROME (FLECKEN)*** – 3.304 EINWOHNER – EHRA-LESSIEN, PARSAU, RÜHEN, TIDDISCHE, TÜLAU.

Brome ist ein staatlich anerkannter Erholungsort am Südostrand der Lüneburger Heide. Er liegt etwas nördlich von Wolfsburg. Von weitem grüßt die Burg Brome. Die Ritterburg war einst Adelssitz und Gerichtsort. Sie wurde 1203 erstmalig erwähnt und gehört seit 1742 der Familie von Schulenberg (Bromer Burgfest im August). Lebendige Geschichte und alte Handwerkskunst zeigt die über 800 Jahre alte Burg in ihrem Museum. Die typische Arbeitsweise der Handwerke wird in 18 vollständig eingerichteten Werkstätten gezeigt. Der Burggarten lädt zum Spaziergang ein. Hier blühen Gewürz-, Heil-, Färbe- und Duftpflanzen neben früheren Gemüsearten.

Interessant ist die historische Einzigartigkeit des geteilten Doppeldorfes Böckwitz/Zicherie an der ehemaligen innerdeutschen Grenze. Es gibt hier einen Grenzlehrpfad (Rundkurs, ca. 3,4 km), der fünf Stationen hat: Europawiese mit Gedenkstein, Museum Böckwitz, Signalzaun, Beobachtungsturm und Lichtenstein-Denkmal. Das Lichtenstein-Gedenkkreuz ist vom Beobachtungsturm in südlicher Richtung zu erreichen und verweist auf die tragische Ermordung des Journalisten Kurt Lichtenstein, der beim illegalen Grenzübertritt angeschossen wurde. Er kam am 12.10.1961 aus Dortmund, um für die Westfälische Rundschau einen Bericht über die schmerzhafte Teilung Deutschlands zu verfassen.

Ein Wildgehege mit Rot-, Dam-, Reh- und Schwarzwild sowie Fasanen, Steinwild und Wildrindern befindet sich unmittelbar am Hotel Hubertus bei Zicherie. (➜ Rehfeldtsche Wassermühle Brome, 1548).

SAMTGEMEINDE BROME

Südheide Gifhorn GmbH
Bahnhofstr. 29a · **29386 Hankensbüttel**
Telefon: 05832/7066
Telefax: 05832/7068
E-Mail: hkb@suedheide-gifhorn.de
Internet: www.suedheide-gifhorn.de
❖ Burg Brome (Ausstellung)

LEHRPFAD ZICHERIE/BÖCKWITZ

Kloster Isenhagen mit Klostergarten

> GF

< Samtgemeinde Hankensbüttel > ... 9.487 EINWOHNER
DEDELSTORF, **HANKENSBÜTTEL*** – 4.365 EINWOHNER – OBERNHOLZ,
SPRAKENSEHL, STEINHORST.

Hankensbüttel samt umliegender Landschaft ist geprägt durch ausgedehnte Wälder, Moore und Bäche. Im Ortskern steht die mittelalterliche Wehrkirche St. Pankratius von 1051 (Foto). Den Innenraum zieren prachtvolle Fresken sowie ein schmucker Barockaltar und ein Taufstein. Eines von insgesamt sechs Heideklöstern ist das ehemalige Kloster Isenhagen. Es wurde 1346 erbaut und dient heute als evang. Damenstift. Sehenswert ist die Backsteinkirche mit Nonnenchor und einem schönem Kreuzgang. Sie birgt einen wertvollen Renaissancealtar sowie das älteste deutsche Lesepult. Das angeschlossene Klosterhofmuseum mit Kräuterlehrgarten befindet sich in einem ehem. Speichergebäude von 1436. Es bietet eine Ausstellung zur klösterlichen Wirtschaftsgeschichte. Einstündige Klosterrundweg-Führungen führen u.a. auch zum ehemaligen Fischteich. Nahe am Ufer des Isenhagener Sees wurde auf einem 6 Hektar großen Freigelände 1988 das Otterzentrum Hankensbüttel eröffnet. Es umfasst neben der Ausstellungshalle (mit Restaurant, Souvenir-Shop) ein Naturerlebnisgelände. Ein drei Kilometer langer Rundwanderweg führt an den verschiedenen Tierfreigehegen vorbei. Zu beobachten sind z.B. Fischotter, Stein- und Baummarder, Iltis, Hermelin, Dachs oder Otterhund am besten bei den festen Fütterungszeiten.

Das Jagdmuseum Wulff in Oerrel bietet eine der größten Trophäensammlungen Europas: 600 Gehörne und Geweihe sowie über 100 Großwildtrophäen und eine umfangreiche Jagdwaffen-Ausstellung. Im Außenbereich des Museums befindet sich ein Freigehege mit Wildschweinen, Dam- und Rotwild sowie ein Aktivlehrpfad.

Das Schulmuseum Steinhorst dokumentiert die Entwicklung des Schulwesens auf dem Land. Am ehem. Bundeswehrstandort Dedelstorf vermittelt ein kleines Museum in einem Gebäude der ehemaligen Richthofenkaserne die Geschichte und Tradition des Standortes, der von 1935 bis zu seiner Auflösung im Jahr 1994 bestanden hat.

>> LANDKREIS GIFHORN

Rathaus Isenbüttel

< Samtgemeinde Isenbüttel > ... 15.345 EINWOHNER – 4 GEMEINDEN CALBERLAH, **ISENBÜTTEL*** – 6.150 EINWOHNER – RIBBESBÜTTEL, WASBÜTTEL.

Ein besonderer Anziehungspunkt für die Samtgemeinde, die im Städtedreieck Wolfsburg, Braunschweig und Gifhorn liegt, ist das Naherholungsgebiet „Tankumsee". Es handelt sich um einen 62 Hektar großen, künstlich geschaffenen See mit einem 1000 m langen, weißsandigen Badestrand und Liegewiesen (Ferienhausgebiet und Campingplatz). Eingebettet liegt er zwischen Elbe-Seitenkanal und weitläufigen Kiefernwäldern. Hier gibt es ein modernes Seehotel mit Hallenschwimmbad, Kegelbahnen und Gaststätten direkt am Strand. Für Ausflügler bieten sich vielfältige Wassersportmöglichkeiten und Ausflugsfahrten auf dem Elbe-Seiten-Kanal.

Calberlah besteht aus den Ortsteilen Allenbüttel, Allerbüttel, Calberlah, Edesbüttel, Jelpke und Wettmershagen. Hier nahe der Ortsteilgemeinde Edesbüttel trifft der Elbe-Seiten-Kanal mit dem Mittellandkanal zusammen. Genau dort befindet sich eine einzigartige solargespeiste Badeanstalt. Dies geschieht über ein Absorberfeld, sofern die Sonne scheint.

Zu **Ribbesbüttel** gehören auch die Ortsteile Ausbüttel und Vollbüttel. In Vollbüttel befindet sich ein interessantes Kinomuseum. Gezeigt wird die über 100-jährige Geschichte der Kinematographie – also alte und neue Kinotechnik zum Ansehen, Anfassen und Staunen.

Auch Wasbüttel hat etwas zu bieten: Das kleine „Nachttopfmuseum", zusammengestellt von Elisabeth Hesse (Am Bertelskamp 10). Es ist nach telefonischer Anmeldung zu besichtigen (Tel. 05374/1407).

INFORMATIONEN

Tankumsee GmbH
Dannenbütteler Weg 12 · **38550 Isenbüttel**
Telefon: 05374/1665
Telefax: 05374/1851
E-Mail: tankumseegmbh@t-online.de
Internet: www.tankumsee.de

❖ Badeparadies am Tankumsee

ERHOLUNGSGEBIET TANKUMSEE

> **GF**

Künstlerhaus Meinersen

< Samtgemeinde Meinersen > ... 20.800 EINWOHNER
HILLERSE, LEIFERDE, **MEINERSEN*** – 8.256 EINWOHNER – MÜDEN (ALLER).

Müden an der Aller liegt genau an der Stelle, wo die Oker in die Aller mündet und, wo plötzlich aus einem kleinen Heideflüsschen ein ganz munterer Fluss wird. Der Ort selbst hat schöne Fachwerkhäuser und eine Fachwerkkirche mit Wandmalereien aus dem 11. Jh., die zu den besterhaltenen ihrer Art zählen. Im kleinen Dorfkern befindet sich die „Kulturinsel" mit Bürgerhaus, Backhaus und dem Heimatmuseum. Es zeigt Leben und Arbeiten aus der Zeit von 1800 bis zum frühen 20. Jahrhundert und viele alte Ackergeräte.

Meinersen war schon immer Mittelpunkt für seine Umgebung. In der ehem. Landwirtschaftsschule ist heute die Samtgemeindeverwaltung untergebracht. Hier auf der „Traditionsinsel" in einer parkähnlichen Umgebung an der Oker ist Meinersens kultureller und optischer Mittelpunkt. Dazu gehören das Künstlerhaus (ehemaliges Amtshaus, 1765), das Gebäude der Gemeindeverwaltung, das Wohnhaus (Poortshus), die Okermühle sowie ein Antiquitätencafé. Das Rathaus wird an den Wochenenden sogar farbig angestrahlt. Im internationalen Künstlerhaus dürfen hochbegabte, junge Kunstschaffende aus dem In- und Ausland ein Jahr lang in ländlicher Abgeschiedenheit künstlerisch wirken. Der eingerichtete Themenweg „Naturerlebnispfad Fließgewässer" an der Oker hat eine Länge von etwa 5 km. Beim Wandern trifft man auf Informationstafeln mit Erklärungen zum Ökosystem Fließgewässer, erreicht ein altes Okerwehr, einen Wasserspielplatz und eine Fischtreppe. Neuerdings starten organisierte Kanutouren auf Aller und Oker in Ettenbüttel am Hafen (www.kanuevents-ettenbuettel.de).

SAMTGEMEINDE MEINERSEN

Südheide Gifhorn GmbH
Marktplatz 1 · **38518 Gifhorn**

Telefon: 05371/88-175
Telefax: 05371/88-311
E-Mail: info@suedheide-gifhorn.de
Internet: www.gifhorn.de

❖ Internationales Künstlerhaus Meinersen

SAMTGEMEINDE IM PARK

>> LANDKREIS GIFHORN

Rathaus und St. Stephani-Kirche in Meine

< Samtgemeinde Papenteich > ... 23.593 EINWOHNER – GEMEINDEN ADENBÜTTEL, DIDDERSE, **MEINE*** – 8.163 EINWOHNER – RÖTGESBÜTTEL, SCHWÜLPER, VORDORF.

Die Samtgemeinde gehört bereits zum nördlichen Braunschweiger Einzugsbereich und ist aufgrund seiner landschaftlichen Reize bevorzugtes Wohngebiet für Berufspendler in die Großstadt. Im Volksmund wird der Landstrich zwischen Aller und Oker auch als „Büttelei" bezeichnet. Das hängt natürlich mit den vielen Ortsnamen zusammen, die hier auf das „büttel" enden. Büttel leitet sich von „bodal" ab. Das ist nordsächsisch und bedeutet soviel wie „Haus und Hof".

Meine ist mit 8.000 Einwohnern die größte Mitgliedsgemeinde und Schul- und Einkaufsstandort. Mit den Ortsteilen Abbesbüttel, Bechtsbüttel, Grassel, Gravenhorst, Ohnhorst, Wedelheine und Wedesbüttel (Altes Försterhaus) sowie den Siedlungen Martinsbüttel und Meinholz stellt sich die Gemeinde flächenmäßig am größten auf. Meine hat eine große Sporthalle und eine Holländer-Windmühle, 1868 erbaut, steht auf Gemeindegebiet. Auch die Gemeinde **Schwülper** besitzt weitere Ortsteile. Ihr gehören Groß Schwülper, Lagesbüttel, Rothemühle und Walle an. Besonders erwähnenswert ist hier die Wassermühle „Rothemühle" an der Oker. Erstmals 1348 erwähnt und mehrmals umgebaut, erzeugt sie heute Strom für 50 Haushaltungen. Die Gesamt-Jahresleistung beträgt ca. 120.000 Kilowattstunden. Der Wasserradantrieb wurde bereits 1910 durch eine Francis-Turbine mit 24 PS ersetzt.

Zur Gemeinde **Vordorf** gehören die Orte Eickhorst und Rethen mit einem Großsteingrab (3000 v. Chr.).

SAMTGEMEINDE PAPENTEICH

Südheide Gifhorn GmbH
Marktplatz 1 · **38518 Gifhorn**
Telefon: 05371/88-175
Telefax: 05371/88-311
E-Mail: info@suedheide-gifhorn.de
Internet: www.suedheide-gifhorn.de

❖ Wassermühle „Rothemühle"

WASSERMÜHLE „ROTHEMÜHLE"

> GF

Rathaus Groß Oesingen

< Samtgemeinde Wesendorf > ... 14.307 EINWOHNER
GROSS OESINGEN, SCHÖNEWÖRDE, UMMERN, WAGENHOFF,
WAHRENHOLZ, **WESENDORF*** – 4.947 EINWOHNER.

Die Samtgemeinde Wesendorf gehört zu den großflächigen Gebietseinheiten im Landkreis Gifhorn. Das bedingt auch eine sehr geringe Bevölkerungsdichte von nur 68 Einwohner pro Quadratkilometer. Vornehmlich Wald-, Heide- und Moorflächen kennzeichnen das Gebiet. Dazu gehört das Naturschutzgebiet „Heiliger Hain" bei Betzhorn mit dem Lönsstein und der Heideblüte im August. Es ist das größte Heidegebiet in der „Südheide Gifhorn" (Wanderungen, Kutschfahrten).

Groß Oesingen bildet eine Mitgliedsgemeinde mit Mahrenholz und Zahrenholz. Hier beeindruckt vor allem das Alte Backhaus (1662) und typisch für die Region sind die Schafställe, die zwischen 1700 und 1800 gebaut wurden und heute liebevoll restauriert sind. Sie dienten den Heidschnuckenherden innerhalb der Heideflächen als Unterbringung. Auffällig hier das nach unten gezogene Reetdach mit Giebelwalmung.

Wahrenholz im Naturschutzgebiet „Heiliger Hain" bildet eine Mitgliedsgemeinde mit Betzhorn und seinem reetgedeckten Schafstall aus dem 17. Jh. Die Wahrenholzer Mühle zeigt noch die alte Handwerkskunst der Müllerei. Diese alte Wassermühle (Pfahlbau) aus dem 15. Jahrhundert ist erst vor ein paar Jahren vollständig restauriert worden.

Die Mittelpunktgemeinde **Wesendorf** war 70 Jahre Garnisonsstandort. Von 1956 bis 2006 war die Bundeswehr dort ansässig. Die Gemeinde hat dazu im oberen Foyer des Rathauses eine Dokumentationswand in Wort und Bild über die Geschichte der Garnison eingerichtet.

SAMTGEMEINDE WESENDORF

Südheide Gifhorn GmbH
Bahnhofstr. 29a · **29386 Hankensbüttel**
Telefon: 05832/7066
Telefax: 05832/7068
E-Mail: hkb@suedheide-gifhorn.de
Internet: www.suedheide-gifhorn.de

❖ Schafställe in Groß Oesingen

HEILIGER HAIN

Kloster Lüne

Wasserviertel

LANDKREIS LÜNEBURG

REISE-INFOS

Lüneburg Marketing GmbH
Rathaus

Am Markt
21335 Lüneburg
Tel.   0800 / 22 50 05
Fax 04131 / 20 76 64 44

touristik@lueneburg.de
www.lueneburg.de

>> LANDKREIS LÜNEBURG

FLÄCHE: 1322,52 km² ◆ BEVÖLKERUNG: 176.441

HANSESTADT LÜNEBURG · 72.376 EINWOHNER — 17 Stadtteile

Lüneburg ist eine alte Salz- und Hansestadt. Sie liegt im Nordosten der Lüneburger Heide. Eine 956 entdeckte Saline sollte sich als wahre „Goldgrube" für die Stadt erweisen. Heinrich der Löwe verlieh dem Ort die Stadtrechte und Lüneburg wurde eine der führenden Handelsstädte im Norden. Bis zu 30.000 Tonnen Salz kamen alljährlich auf den Markt. Das mittelalterliche Stadtgepräge hat sich eindrucksvoll erhalten und lädt zum Bummeln und Verweilen ein.

Der Mittelpunkt ist das Rathaus am Marktplatz mit dem ältestem erhaltenen Ratssitzungssaal. Die Altstadt verfügt über eine Vielzahl an gut erhaltenen Bürger- und Patrizierhäusern. Am alten Flusshafen (Ilmenau), wo das Salz verschifft wurde, steht ein Drehkran (1797). Hier am Stint direkt an der Ilmenau findet sich auch eine interessante Ansammlung von Kneipen und Restaurants mit ihrem unverwechselbaren Flair. Sehenswert ist die Barockfassade des Kaufhauslagers und zahlreiche Kirchen, u.a. die St. Johannis-Kirche mit ihrem 108 m hohen Turm.

Das Kurgebiet mit Kurpark, Kurhaus, Hallenbad und Sole-Wellenbad liegt südwestlich der Altstadt. In der Nähe des Lambertiplatzes war die alte Saline bis 1980 in Betrieb und bildet heute das Deutsche Salzmuseum.

Nördlich von Lüneburg wurde das Kloster Lüne 1172 gegründet. Es ist heute ein evang. Damenstift. In der Klosterkirche sehenswert ist ein kostbarer Altar (1524) und die Orgel (1645). Seit 1995 ist dem Kloster auch ein neues Teppichmuseum angeschlossen, wo textile Kostbarkeiten gezeigt werden. Lüneburg ist Mittelpunkt in der Nordostregion Niedersachsens und hat eine Fachhochschule sowie eine Universität. Außerdem haben zahlreiche wichtige Institutionen und Behörden hier ihren Sitz.

Altstadt, Bockelsberg, Ebensberg, Goseburg-Zeltberg, Häcklingen, Kaltenmoor, Kreideberg, Lüne-Moorfeld, Mittelfeld, Neu Hagen, Ochtmissen, Oedeme, Rettmer, Rotes Feld, Schützenplatz, Weststadt, Wilschenbruch.

> LG

Johanneskapelle (1258), älteste Kirche im Kreis

< Adendorf > ... 10.129 EINWOHNER – 2 ORTSTEILE
ADENDORF*, ERBSTORF.

Adendorf ist eine ganz auf Lüneburg bezogene Wohngemeinde. Sie grenzt unmittelbar an die nördliche Stadtgrenze von Lüneburg und ist die bevölkerungsstärkste Gemeinde des Landkreises. Im Zuge der Gebietsreform 1974 hat sie sich mit einem Großteil der früheren Gemeinde Erbstorf zur Einheitsgemeinde zusammengeschlossen. Dank ihrer verkehrsgünstigen Lage hat sie in den letzten 50 Jahren eine sprunghafte Entwicklung genommen. In der Ortsmitte wurde am Kirchweg ein neues Zentrum geschaffen. Wo früher eine erschöpfte Tonkuhle war, pflanzte man Bäume und Büsche, legte Wege an und schuf einen Park, die „Teichaue". Gleich schräg gegenüber entstand eines der größten Sportzentren Norddeutschlands. Es gibt eine große Sporthalle, Fußballplätze, Tennisanlagen und anderes mehr. Nebenan ist gleich das Freibad und raumgreifend die gut besuchte Eishalle und das Kindertobeland. Daneben befindet sich ein Fünfsternehotel mit 18-Loch-Golfplatz.

An das frühere Bauerndorf erinnert das älteste Gebäude in der alten Dorfmitte. Die Johannes dem Täufer geweihte Johanneskapelle, 1258 in der alten Dorfmitte errichtet, ist gleichzeitig älteste Kirche im Landkreis. Das gotische Backsteinkirchlein mit einem spitzen hölzernen Turm über dem Eingangsvorbau, dem sogenannten „Brauthaus", wirkt in der grünen Umgebung sehr romantisch.

GEMEINDE ADENDORF

Gemeinde Adendorf
Rathausplatz 14 · **21365 Adendorf**
Telefon: 04131/9809-0
Telefax: 04131/9809-55
E-Mail: gemeinde@adendorf.de
Internet: www.adendorf.de

❖ Kindertobeland Alcino (2500 qm Spielfläche)

KINDERTOBELAND IN ADENDORF

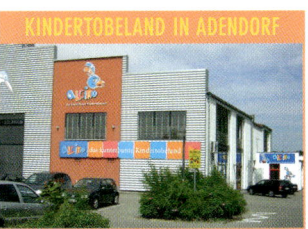

>> LANDKREIS LÜNEBURG

"Haus des Gastes" im Ortskern

< Amt Neuhaus > ... 5.124 EINWOHNER – 7 ORTSTEILE
DELLIEN-SÜCKAU, HAAR, KAARSSEN, **NEUHAUS***, STAPEL, SUMTE, TRIPKAU.

Die Gemeinde „Amt Neuhaus" befindet sich bereits auf der rechten Seite der Elbe, zwischen Dömitz und Boizenburg im Norden. Der Name stammt von der 1369 erstmals urkundlich erwähnten Burg „Nyen hus", die den Herzögen von Sachsen-Lauenburg gehörte.

Von Mecklenburg umgeben, geht die historische Verbindung über die Elbe hinaus. 1689 gehörte die Gemeinde nämlich zum Herzogtum Lüneburg und kam 1932 zum Kreis Lüneburg. Mit der deutschen Teilung 1945 wurde das Gebiet rechts der Elbe von den Sowjets besetzt und das Amt dem DDR-Bezirk Schwerin zugeordnet.

Seit dem 30. Juni 1993 gehört nun das „Amt" wieder zum Land Niedersachsen. Die Bindungen nach Niedersachsen prägten auch den gepflegten Baustil. Als schmaler Landstrich an der Elbe dehnt sich das Amt Neuhaus von der Sudemündung im Nordwesten bis nach Wehningen bei Dömitz im Südosten aus. Es ist auf seinen 230 Quadratkilometern nur dünn besiedelt. Einmalig ist die erhaltene Dorfanlage der Marschhufendörfer Konau und Popelau aus dem 19. Jahrhundert, die mit großem Aufwand vor dem Verfall gerettet wurden. Heute ist es ein idyllisches Freilichtmuseum am Elbufer mit einem 2 km langen Rundweg.

Bemerkenswert sind auch die alten Dorfkirchen an der Bundesstraße 195. In Stapel steht die älteste (1291) und in Tripkau die vielleicht kunstvollste Kirche. Ein Rosengarten (Wald), ein Burgwall sowie Fachwerkhäuser wie das Pforthaus (Heimatmuseum) und das „Haus des Gastes" befinden sich im Hauptort Neuhaus. Floßfahrten auf der Elbe sind über die Touristinformation zu buchen.

TOURIST-INFORMATION

Haus des Gastes
Am Markt 5 · **19273 Neuhaus**
Telefon: 03 88 41/207 47
Telefax: 03 88 41/611 56
E-Mail: info@hausdesgastes-neuhaus.de
Internet: www.amt-neuhaus.de

❖ Marschhufendörfer Konau und Popelau

ELB-FLOSSFAHRT

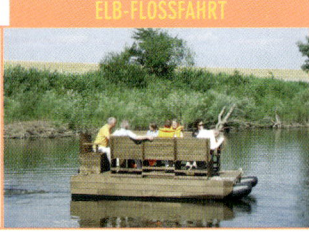

> LG

ElbSchloss Bleckede

< Bleckede, Stadt > ... 9.627 EINWOHNER – 14 ORTSTEILE
ALT GARGE, BARSKAMP, **BLECKEDE***, BLECKEDE-WENDISCHTHUN, BRACKEDE, BREETZE, GARLSTORF, GARZE, GÖDDINGEN, KARZE, RADEGAST, ROSENTHAL, WALMSBURG, WENDEWISCH.

Bleckede liegt im Biosphärenreservat „Flusslandschaft Elbe". Herzog Wilhelm von Lüneburg (Sohn Heinrichs des Löwen) gründete 1209 die „Löwenstadt". Die Wasserburg wurde 1287 erstmals erwähnt. In ihrem Schutz siedelten sich zunächst Bauern und Handwerker an.

Das Informationszentrum „ElbSchloss Bleckede" bietet eine interessante Ausstellung unter dem Motto „Natur erleben an der Elbe" mit zahlreichen Einblicken in die Vogelwelt und Lebensräume des Elbtals. Umgeben wird das „ElbSchloss" von einem Wallgraben und einem Park. Am Eingang steht eine 10 Meter hohe Burgturmruine, die auf eine Höhe von 20 Metern erweitert worden ist. Vom Turm hat man einen herrlichen Blick über die Flusslandschaft. Der Schlossinnenhof dient alljährlich als Kulisse für Konzertveranstaltungen.

Vielfältige Freizeitgestaltung ist hier möglich. So bieten sich Spaziergänge zum Schäferei-Café Heisterbusch oder Radtouren rechts und links der Elbe an. Interessant ist der Besuch der Alten Schule mit einer Ausstellung zur innerdeutschen Grenzgeschichte. Einen Ausflug wert ist auch der Findlingsgarten in Breetze und die Großsteingräber im Schieringer Forst.

Die Fahrgastschifffahrt bietet Rundfahrten. Kutsch- und Planwagenfahrten in die Elbtalaue finden statt oder man kann mittels Autofähre auf das andere Elbufer (werktags: 5.00-23.00 Uhr / sonn- und feiertags: 9.00-20.00 Uhr).

TOURIST-INFORMATION

ElbSchloss Bleckede
Schlossstraße 10 · **21354 Bleckede**

Telefon: 05852/951140
Telefax: 05852/951499
E-Mail: info@elbschloss-bleckede.de
Internet: www.elbschloss-bleckede.de

❖ Natur der Elbtalaue (1000 qm Ausstellungsfläche)

SCHLOSSHOF BLECKEDE

>> LANDKREIS LÜNEBURG

Heideblütenfest in Amelinghausen

< Samtgemeinde Amelinghausen > ... 8.165 EINWOHNER
AMELINGHAUSEN* – 3.743 EINWOHNER – BETZENDORF (WEHRKIRCHE), OLDENDORF (LUHE), REHLINGEN, SODERSTORF (WASSERMÜHLE).

Amelinghausen ist als Erholungsort und durch sein Heideblütenfest über die Grenzen der Lüneburger Heide hinaus bekannt geworden. Die Flusstäler der Lopau und Luhe bildeten sich als Teil des Elb-Urstromtales während der vorletzten Eiszeit. Heide und Mischwälder erstrecken sich nun entlang der romantischen Flussläufe. Der aufgestaute Lopausee ist ein beliebtes Erholungsgebiet für Badegäste wie Bootsfahrer gleichermaßen. Dem Naturbad steht noch das Waldbad im Lopautal zur Seite. Auf dem Höhepunkt der Saison (August) feiert der Ort eine Woche lang das Heideblütenfest. Tausende strömen dann zum Kronsberg, wo die neue Heidekönigin gekürt wird. Zu den beliebtesten Ausflugszielen zählen das Marxener Paradies (Trockental mit Heideflächen), die Wassermühle von Soderstorf (1821) und die Grabanlage „Nekropole Soderstorf". Hier wurden zwischen einem Hügel- und Großsteingrab Reste eines Urnenfriedhofs aus der Eisenzeit rekonstruiert. Am Wohlenbütteler Weg oberhalb des Luhetalrandes wurde ein Magalith- oder Hünengrab freigelegt und nur wenig entfernt kann man die „Oldendorfer Totenstatt", ein etwa 5700 Jahre altes frühgeschichtliches Gräberfeld mit vier Großsteingräbern erkunden (➜ Museum Oldendorf). In Rehrhof gibt es einen Fachwerkhof mit Ziehbrunnen und Wollspeicher und das Greifvogelgehege. Eine der schönsten Quellen in Norddeutschland ist die Schwindequelle (Schwindebecker Heide). Sie ist die zweitgrößte Quelle Niedersachsens und beeindruckt durch das klare Wasser, welches an mehreren Stellen aus dem Waldboden sprudelt.

TOURIST-INFORMATION

Touristinformation Amelinghausen
Marktstraße 1 · 21385 Amelinghausen
Telefon: 04132/920943
Telefax: 04132/930551
E-Mail: tourist-info@amelinghausen.de
Internet: www.amelinghausen.de

* Schwindequelle
❖ Hochseilgarten Maxwood Parcs (Lopausee)

OLDENDORFER TOTENSTATT *

Waldlehrpfad

> **LG**

Dom St. Peter und Paul

< Samtgemeinde Bardowick > ... 16.474 EINWOHNER
BARDOWICK (FLECKEN)* – 6.266 EINWOHNER – BARUM, HANDORF, MECHTERSEN, RADBRUCH, VÖGELSEN, WITTORF.

Der Flecken Bardowick ist heute zwar nur ein „kleines Dorf", dafür aber mit großer Vergangenheit. Die Gründung geht auf das Jahr 800 zurück. Es handelt sich um den am frühesten genannte Ort des Bardengaues. Der Ort diente dem Handel mit den Slawen und stieg somit rasch zu einer Handelsmetropole auf. Der Konflikt mit Heinrich dem Löwen – er ließ Bardowick 1189 zerstören – brachte allerdings den Niedergang. Die kleine Löwenplastik über der Domtür erinnert an die Ereignisse des Jahres. Trotz seines mächtigen Dombaus (St. Peter und Paul, 14./15. Jh.) blieb das Dorf im Schatten der großen Städte. Der Dom ist eine dreischiffige gotische Hallenkirche mit zwei eigentümlich gedrungen wirkenden Türmen. In seinem Innern ist das herrliche gotische Chorgestühl von 1486/87 unversehrt erhalten geblieben. Der kunstvolle goldstrahlende gotischer Hochaltar und andere sakrale Schätze schmücken den Dom. Bardowick besitzt kein geschlossen bebautes „Stadtbild". Trotzdem fällt die weiträumige Orts-Anlage auf, wie man sie so nur von Städten kennt. Die kleinen städtischen Parzellen reichten für eine konventionelle Landwirtschaft nicht aus und das begünstigte wohl die Zuwendung zu dem Gemüseanbau, der bis in unsere heutige Zeit andauert und Bardowicks Ruf als Gemüsehandelszentrum (Hamburgs Gemüsegarten) mehrte. Gemüse und vor allem Spargel gedeiht hier prächtig. Im Gildehaus, dem Heimatmuseum sind wichtige Epochen Bardowicks anschaulich dargestellt. Die Windmühle von 1813 ist eine der wenigen Mühlen (Gallerie-Holländer) in Deutschland, die noch gewerblich genutzt werden.

TOURIST-INFORMATION

Touristinformation Bardowick
Schulstraße 12 · **21357** Bardowick
Telefon: 04131/120140
Telefax: 04131/120133
E-Mail: touristik@lueneburg.de
Internet: www.bardowick.com

❖ Naturbad Bardowicker Strand

BARDOWICKER WINDMÜHLE (1813)

39

>> LANDKREIS LÜNEBURG

Heimatmuseum in einem Feldsteinbau

< Samtgemeinde Dahlenburg > ... 6.278 EINWOHNER – 5 GEMEINDEN BOITZE, DAHLEM, **DAHLENBURG (FLECKEN)*** – 3.359 EINWOHNER – NAHRENDORF, TOSTERGLOPE.

Dahlenburg am Flüsschen Neetze wird als das Tor zur Göhrde bezeichnet. Es gibt viele Bezüge zum nahen Staatsforst Göhrde, das ehemals weite Jagdrevier von Kaisern und Königen. Mit dem Forstort Röthen ragt die Samtgemeinde sogar ein Stück in den Wald hinein. Beinahe 100 Jahre blieb die Öffentlichkeit aus der Göhrde ausgesperrt (1850-1945). Das Waldgebiet war als Staatsjagd eingegattert.

Der Flecken Dahlenburg befindet sich auf altem Siedlungsraum. Hauptanziehungspunkt ist das Heimatmuseum (Sonntags 10-12 Uhr) in der St. Laurentiuskapelle, einem Feldsteinbau aus dem 13. Jh. Am westlichen Ortsrand steht sie als Überrest der Burg. Es gibt Informationen zur Geschichte Dahlenburgs und das karge Leben in der Göhrde (Sonderausstellungen und Konzerte). Gelungen ist das Göhrdeschlacht-Diorama mit 1500 bemalten Zinnsoldaten der sagenumwobenen Göhrdeschlacht (1813). Ergänzend dazu gibt es auch ein Göhrdeschlacht-Denkmal (1839), zwischen Oldendorf und Göhrde an der B 216 gelegen. Nur wenige Minuten davon entfernt wurde im Gast- und Kaffeehaus „Zum Göhrde-Tor" in Oldendorf ein Göhrde-Zimmer eingerichtet.

Der Orchideengarten Karge in der Bahnhofstraße 24 beeindruckt mit der größten Artenvielfalt in Norddeutschland. Die Orchideen sind auf einer 4000 qm Ausstellungsfläche komplett unter Glas ausgestellt.

In der Gegend gibt es Bauern- und Reiterhöfe, Wassermühlen (z.B. in Tangsehl) entlang der Neetze und sehenswerte alte Gutshöfe sowie Hünen- und Hügelgräber.

SAMTGEMEINDE DAHLENBURG

Samtgemeinde Dahlenburg
Am Markt 17 · **21368 Dahlenburg**
Telefon: 05851/8628
Telefax: 05851/8640
E-Mail: tourist-info@dahlenburg.de
Internet: www.dahlenburg.de

❖ Orchideengarten, Rosengarten, Heimatmuseum

ORCHIDEENGARTEN KARGE

Hotel Wassermühle in Heiligenthal

> LG

< Samtgemeinde Gellersen >... 12.465 EINWOHNER – 4 GEMEINDEN KIRCHGELLERSEN, **REPPENSTEDT*** – 7.048 EINWOHNER – SÜDERGELLERSEN, WESTERGELLERSEN.

Gellersen war schon immer so etwas wie eine „Ursamtgemeinde". Trotz Siedlungsteilung oder einer parallelen Siedlungsentwicklung trugen die Gellersen-Dörfer alle den gleichen Namen. Der Name „Kerkgeldersen" taucht erst 1236 auf. Von diesem Zeitpunkt an wurde er benutzt. Für Süder- und Westergellersen konnte dies ab 1267 nachgewiesen werden. Es dauerte eine gewisse Zeit, bis die Differenzierung des Namens wie sie heute Verwendung findet, sich durchsetzen konnte. Die Namens-Gewöhnung an die einzelnen Siedlungen mußte erst stattfinden. Heute grenzt die Samtgemeinde westlich ans Lüneburger Stadtgebiet. Es gibt reizvolle ausgedehnte Waldgebiete. Am Einemhofer Forsthaus stehen groß angelegte Freizeiteinrichtungen wie Köhlerhütte, Spielplatz, Grillanlagen und ein Naturbad.

Reppenstedt wirkt gegenüber den „Gellerser Dörfern" und ihrem Fachwerk eher neu und modern. Die ursprünglich sehr kleine Gemeinde am Rande Lüneburgs nahm 1945 mehrere Tausend Hamburger Bombenopfer und Ost-Flüchtlinge auf und stellte ihnen Baugrund für die ausgedehnte Siedlung zur Verfügung. Heute ist es Verwaltungsmittelpunkt mit kleinstädtischem Zuschnitt.

Das idyllische Dörfchen Heiligenthal gehört zu Südergellersen und hat eine bekannte Wassermühle. Im Forst Einemhof gibt es ein dichtes und gut ausgebautes Reitwegenetz und in der Westergellerser Heide befindet sich das Turniergelände, das durch die Vielseitigkeitsreiter von Luhmühlen internationale Bekanntheit erlangte.

SAMTGEMEINDE GELLERSEN

Samtgemeinde Gellersen
Dachtmisser Str. 1 · **21391 Reppenstedt**

Telefon: 04131/6727-0
Telefax: 04131/6727-39
E-Mail: rathaus@gellersen.de
Internet: www.gellersen.de

❖ Westergellerser Heide (Turniergelände)

AUSFLUGSLOKAL IN HEILIGENTHAL

>> LANDKREIS LÜNEBURG

Martinuskirche (1665) in Deutsch Evern

< Samtgemeinde Ilmenau >... 10.554 EINWOHNER – 4 GEMEINDEN BARNSTEDT, DEUTSCH EVERN, EMBSEN, **MELBECK*** – 3.366 EINWOHNER.

Die Ilmenau schlängelt sich in idyllischer Landschaft durch Wiesen, Wälder und Auen. Zahlreiche Teiche bieten sich hier als Angelgebiete an. Kanusportler und Naturliebhaber kommen hier ganz auf ihre Kosten.
So führen die Paddeltouren flussabwärts bis ins Zentrum von Lüneburg. Bewaldete Hügel erstrecken sich über den größten Teil des Gebietes südöstlich von Melbeck, wo für Caravan- und Zelttouristen die geräumigen Campingplätze liegen.
Durch die Melbecker Heide fährt man nach Barnstedt. Dort finden an einigen Sonntagnachmittagen die „Barnstedter Kapellenkonzerte" statt, zu denen die Familie von Estorff (Programm bitte anfordern) mit Freunden vom „Musischen Förderverein" bereits seit 1986 einlädt. Beliebt sind auch die Dichterlesungen in der kleinen Kirche. Erbaut wurde die zierliche Gutskapelle 1593/94. Der Kanzelaltar wurde 1731 bei einer größeren Umgestaltung eingebaut. Damals wurde das ganze Gebäude auf Rollen gesetzt und an den heutigen Standort in die Nähe des Herrenhauses (1673) verlagert.
Die Gemeinde erwarb 1988 das älteste reetgedeckte Zweiständehaus von 1665 in Deutsch Evern. Es drohte gänzlich zu verfallen. Es wurde entsprechend aus dem Hofensemble herausgelöst, umgesetzt und renoviert. 90 % der alten Bausubstanz konnte wiederverwendet werden.
Historische Funde und Kuriositäten zeigt die Historische Sammlung im Gasthaus Stumpf in Embsen. Als Industriedenkmal erhalten blieb die renovierte und komplett ausgestattete Melbecker Wassermühle am renaturierten Mühlenbach.

SAMTGEMEINDE ILMENAU

Samtgemeinde Ilmenau
Am Diemel 6 · **21406 Melbeck**
Telefon: 04134/908-0
Telefax: 04134/908-69
E-Mail: info@samtgemeinde-ilmenau.de
Internet: www.samtgemeinde-ilmenau.de

❖ Melbecker Wassermühle

PADDELN AUF DER ILMENAU

> LG

Heimvolkshochschule in Barendorf

< Samtgemeinde Ostheide > ... 10.277 EINWOHNER – 6 GEMEINDEN
BARENDORF* – 2.363 EINWOHNER – NEETZE, REINSTORF,
THOMASBURG, VASTORF, WENDISCH EVERN – 1.766 EINWOHNER.

Heinrich der Löwe schenkte das Dorf Barendorf (1158 erwähnt) mit allen seinen Liegenschaften und Rechten dem Bistum Ratzeburg. 1191 erwarb Herzog Otto es zurück und verkaufte es an das Kloster Lüne. Bereits 1529 wurde in Barendorf der Sitz einer „Vogtei" im Amte Lüne nachgewiesen. Die Vogtei verwaltete schon damals „20 Dörfer, Höfe sowie freie Hausstellen". Das Gebiet stimmt mit dem der heutigen Samtgemeinde flächendeckend überein.

In Stadtrandnähe zu Lüneburg bietet die Samtgemeinde attraktive neue Wohngebiete. Im Kontrast dazu stößt man immer wieder auf malerische Bauernhöfe mit altem Baumbestand. Erholungsgebiete des Neetzetals und die darin eingebetteten fruchtbaren Auen liegen vor der Tür.

Thomasburg bietet noch einen geschlossenen Dorfkern mit hübschen Bauernhöfen. Es gilt als landschaftliche Perle der Samtgemeinde. Die Feldsteinkirche wurde um das Jahr 1059 erbaut, das jetzige Pfarrhaus stammt von 1883. Es wurde 1986 grundlegend umgebaut und renoviert. Bavendorf, Radenbeck, Wennekath und Wiecheln sind Ortsteile.

Neetzes Anziehungskraft liegt in der reizvollen Umgebung mit dem mühlenreichen Neetzetal, seinen klaren Heidebächen und Wanderwegen. Im Ort befindet sich eine Jugendbildungs- und Freizeitstätte des Landkreises. Vastorf hat die Ortsteile Rohstorf, Volkstorf und Gilkendorf. Dort stehen hübsche Hofanlagen, die sich in der typischen Fachwerkbauweise mit Giebelschmuck präsentieren (➜ Timelo-Berg, Findling).

SAMTGEMEINDE OSTHEIDE

Samtgemeinde Ostheide
Schulstraße 2 · **21397 Barendorf**

Telefon: 04137/8008-0
Telefax: 04137/8008-40
E-Mail: rathaus@ostheide.de
Internet: www.ostheide.de

❖ Thomasburg - die „Perle der Ostheide"

IDYLLE IN THOMASBURG

>> LANDKREIS LÜNEBURG

Schiffshebewerk Scharnebeck

> **< Samtgemeinde Scharnebeck >** ... 14.972 EINWOHNER
> ARTLENBURG (FLECKEN), BRIETLINGEN, ECHEM, HITTBERGEN,
> HOHNSTORF (ELBE), LÜDERSBURG, RULLSTORF, **SCHARNEBECK*** –
> 3.192 EINWOHNER.

Die Samtgemeinde Scharnebeck liegt inmitten der Elbmarsch. Im Norden und zum Teil im Osten wird das Gemeindegebiet durch die Elbe begrenzt. Der Hauptort Scharnebeck hat sich von einer landwirtschaftlichen Gemeinde zur Wohngemeinde in unmittelbarer Nähe zu Lüneburg entwickelt. Die mächtige Backsteinkirche und Reste des Klosterkreuzganges erinnern an das einstige Zisterzienserkloster, dessen Gründung auf das Jahr 1253 zurückzuführen ist.

Neben ausgedehnten Wohnsiedlungen prägt natürlich eines der größten Doppel-Senkrechtschiffshebewerke der Welt das Scharnebecker Ortsbild. Hier überwindet der Elbe-Seitenkanal den Höhenunterschied zwischen Geestrücken und flacher Elbmarsch. In zwei riesigen Wassertrögen werden vollbeladene Binnenschiffe wie in einem Fahrstuhl nach oben bzw. unten gehoben.

Der Höhenunterschied beträgt 38 Meter. Auf einer extra begehbaren Aussichtsterrasse läßt sich das Spektakel genaustens beobachten. Es dauert nicht mehr als 3 Minuten. In einer Ausstellungshalle kann sich der Besucher über den Bau dieses Monuments umfassend informieren. Der Elbeseitenkanal, der die Elbe über Berg und Tal mit dem Mittellandkanal verbindet ist 115 Kilometer lang und 53 Meter breit. Er wurde nach achtjähriger Bauzeit am 15. Juni 1976 eröffnet.

Beliebt bei Radfahrern sind die Kanaldeiche, die einen herrlichen Blick ins Land gestatten und ganz ohne Steigungen auskommen. Man kann

SAMTGEMEINDE SCHARNEBECK

Samtgemeinde Scharnebeck
Marktplatz 1 · **21379 Scharnebeck**
Telefon: 04136/907 21
Telefax: 04136/907 35
E-Mail: fremdenverkehr@scharnebeck.de
Internet: www.scharnebeck.de

❖ Schiffshebewerk Scharnebeck (Ausstellungshalle)

SCHLOSS LÜDERSBURG

nördlich von Echem vom Damm die Vogelwelt auf dem Fehlingsblecksee betrachten. Der künstlich geschaffene Baggersee steht heute unter Naturschutz und darf nicht besucht werden. Flachwasser- und Verlandungszonen und ökologisch abgestimmte Bepflanzung sollen geschützt sein. Ein anderer Baggersee, der Inselsee in der Nähe des Schiffshebewerks, ist zu einem beliebten Badesee im Landkreis geworden. Auch er hat eine „Flachwasserzone" für kleine Badegäste. Bei Brietlingen bildet die Neetze als eines der saubersten Fließgewässer der Heide einen langgezogenen Badesee, den Reihersee. Am Ufer befindet sich ein großer und gern besuchter Campingplatz.

Lüdersburg mit den Ortsteilen Ahrenschulter, Neu-Jürgenstorf, Jürgenstorf, Bockelkathen und Grevenhorn ist die kleinste Gemeinde. Es ist der uralte Sitz der Familie von Spörcken. Eine schmucke Kirche und das gegenüberliegende stattliche barocke Herrenhaus mit dem Ensemble hübscher Bedienstetenhäuser prägen das Ortsbild. In reizvoller Landschaft gelegen ist die Golfanlage „Schloss Lüdersburg". Sie verfügt über eine 36-Loch-Anlage und ist damit die größte in Norddeutschland.

Der Flecken **Artlenburg** liegt unmittelbar an der Elbe. Hier mündet der Elbe-Seitenkanal in die Elbe. An der Elbe befindet sich ein Yachthafen und ein Campingplatz. Nur ein paar Flusskilometer entfernt elbeaufwärts wurde 1398 der Stecknitz-Devenau-Kanal eröffnet, eine schiffbare Verbindung für das „weiße Gold", wie man das Salz von Lüneburg auch nannte. Das Salz wurde von der alten Salzstadt Lüneburg über Lauenburg nach Lübeck verbracht. Der Kanal, einer der ältesten in Europa, verband die Elbe mit der Trave. Dazu mußten 17 Schleusen durchfahren werden, die halfen den Höhenunterschied zu überwinden. Die St. Nikolai-Kirche (1833, Foto) beeindruckt durch ihren wuchtigen Turm, Teil einer ehemaligen Befestigungsanlage an der Salzstraße.

Echem ist ein typisch landwirtschaftlich geprägter Ort. Die 1925 gegründete Melkerschule ist heute die Lehr- und Versuchsanstalt für Viehhaltung der Landwirtschaftskammer Hannover. Sie wurde als Bundesausbildungsstätte ausgebaut und bietet den landwirtschaftlichen Berufen sowohl theoretische als auch praktische Ausbildung.

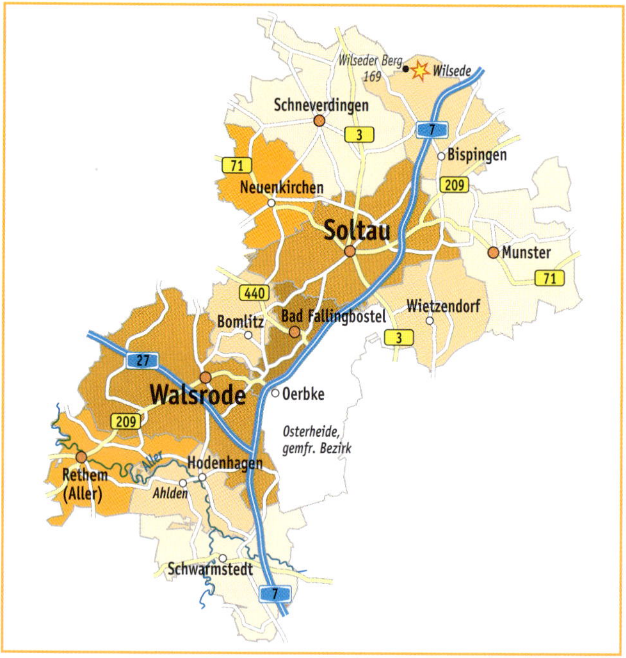

Wilseder Berg
169
Wilsede
Schneverdingen
3
7
Bispingen
71
Neuenkirchen
209
Soltau
Munster
71
440
Wietzendorf
Bomlitz
Bad Fallingbostel
3
27
Walsrode
Oerbke
Osterheide,
gemfr. Bezirk
209
Aller
Rethem
(Aller)
Hodenhagen
Ahlden
Schwarmstedt
7

LANDKREIS SOLTAU-FALLINGBOSTEL

REISE-INFOS

Tourist-Information
Bad Fallingbostel

Sebastian-Kneipp-Platz 1
29683 Bad Fallingbostel
Tel. 05162 / 400 0
Fax 05162 / 400 500

touristinformation@badfallingbostel.de
www.badfallingbostel.de

> SOLTAU-FALLINGBOSTEL

FLÄCHE: 1873,37 km² ◆ **BEVÖLKERUNG: 140.523**

STADT BAD FALLINGBOSTEL · 11.555 EINWOHNER — 6 Ortsteile

Fallingbostel hat die Stadtrechte erst 1949 erlangt, aber bereits 1954 wurde es als Kneipp-Kurort anerkannt, 1975 folgte dann die staatliche Anerkennung als Luftkurort. Am Rande der „Hohen Heidmark" im südlichen Teil der Lüneburger Heide gelegen, prägen weite Wälder, Äcker und Wiesen das Bild der flachhügeligen Landschaft, die vom Heideflüsschen Böhme durchflossen wird.

Um 1300 richtete die Großvogtei Celle die Vogtei Fallingbostel ein. Mit dem 1. April 1885 wurde die Vogtei aufgelöst und der Landkreis Fallingbostel gegründet. 1977 bei der Zusammenlegung der Kreise Fallingbostel und Soltau behielt Fallingbostel den Kreissitz.

Es bietet heute neben Kurpark, Kurklinik ein umfassendes Kur- und Gesundheitsangebot. Am Eingang des Liethwaldes steht der „Hof der Heidmark", eine typische niedersächsische Hofanlage mit einem Hauptgebäude aus dem Jahr 1642 und alten Treppenspeichern. In einem dieser Speicher befindet sich die „Heimatstube Rummelsburg". Die Hofanlage dient als Gedenkstätte für die Orte, die Mitte der 1930er Jahre beim Bau des Truppenübungsplatzes Bergen von der Bevölkerung geräumt werden mußten. Über die Ur- und Frühgeschichte der Region informiert ein Museum der Archäologischen Arbeitsgemeinschaft.

Dörflichen Charakter besitzt auch Dorfmark im Böhmetal. Am zweiten Augustwochenende findet hier alljährlich das Strandfest statt, das viele Besucher anzieht. Bemerkenswert ist die St.-Martins-Kirche von 1708 mit einem schönen Altar, Taufbecken (1465) und einem alleinstehenden Glockenturm. *Ortsteile: Dorfmark, Jettebruch, Mengebostel, Riepe, Vierde*

TOURIST-INFORMATION

Tourist-Info Bad Fallingbostel
Seb.-Kneipp-Pl. 1 · **29683 Bad Fallingbostel**

Telefon: 05162/400-0
Telefax: 05162/400-500
touristinformation@badfallingbostel.de
Internet: www.badfallingbostel.de

❖ „Hof der Heidmark" (Hofanlage)

DORFMARK-TOURISTIK

Dorfmark-Touristik
Marktstraße 1 · **29683 Dorfmark**

Telefon: 05163/1339
Telefax: 05163/1537
E-Mail: info@dorfmark-touristik.de
Internet: www.dorfmark-touristik.de

❖ Strandfest in Dorfmark (2. August-Wochenende)

> **SFA**

St.-Antonius-Kirche in Bispingen

< Bispingen > ... 6.209 EINWOHNER – 9 ORTSTEILE
BEHRINGEN, **BISPINGEN***, BORSTEL, HAVERBECK, HÖRPEL, HÜTZEL, STEINBECK, VOLKWARDINGEN, WILSEDE.

Von **Behringen** ist es nicht mehr weit zur Behringer Heide. Zum Badesee aufgestaut wurde der 7 Hektar große Brunausee, um den ein Wanderweg führt und an dessen Ufer ein Freizeitgelände die Besucher anlockt. Am See drehen Sandbahnfreaks auf einer 300m langen Sandbahn ihre Runden (Quadbahn). Daneben befindet sich ein Klettergarten (Sky-Walk). **Bispingen** ist Namensgeber der Gemeinde und liegt im Tal der oberen Luhe. Mehr als die Hälfte der Fläche der Gemeinde ist mit Wald und Heide bewachsen. Bispingen gilt als Kernstück der Lüneburger Heide und weist den Charakter eines waldreichen Hügellandes auf. Hofanlagen mit alten Eichen bestimmen das Ortsbild. Herausragend ist die St.-Antonius-Kirche mit einer Barockkanzel von 1648 und einem Bronze-Taufbecken. Sie hat einen etwas merkwürdig geformten Turm. Die Feldsteinkirche (Ole Kerk, Foto) von 1353 ist ebenfalls sehenswert. Am Ortsrand befindet sich der Heidepark, eine kleine Heidefläche mit Schnuckenstall und Ententeich. **Hörpel** liegt in der Hörpeler Heide, einem der schönsten Teile des Naturschutzgebietes. Ein breiter Feld- und Wiesengürtel umgibt es, in dessen Mittelpunkt eine kleine Kirche steht.

Die **Jagdvilla Iserhatsche** wurde ursprünglich für den Königlich Preußischen Kommerzienrat Ernst Nölle 1913-1914 im schwedischen Holzbaustil erbaut. 1929-1986 war es im Besitz von Reemtsma. Heute liegt sie in einem faszinierenden Landschaftspark mit Barockgarten, zusammen mit dem ökologischen Multifunktionsbau, dem „Montagnetto".

BISPINGEN-TOURISTIK

Bispingen-Touristik
Borsteler Straße 6 · **29646 Bispingen**

Telefon: 05194/39850
Telefax: 05194/39853
E-Mail: info@bispingen-touristik.de
Internet: www.bispingen.de

❖ Heide-Kastell Iserhatsche

HEIDE-KASTELL ISERHATSCHE

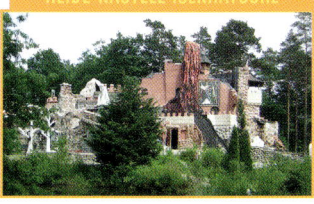

> ## SOLTAU-FALLINGBOSTEL

Treppenspeicher (1600) in Volkwardingen

< Bispingen > ... 6.209 EINWOHNER – 9 ORTSTEILE
BEHRINGEN, **BISPINGEN***, BORSTEL, HAVERBECK, HÖRPEL, HÜTZEL, STEINBECK, VOLKWARDINGEN, WILSEDE.

Volkwardingen liegt direkt im Naturschutzgebiet. Östlich des Dorfes fand man hunderte Urnengräber und im Dorfwald verteilen sich zwanzig bronzezeitliche Hügelgräber. Das Bauerndorf zeichnet sich durch gut erhaltene Hofanlagen aus. Von hier aus lassen sich Wanderungen und Radtouren vor allem zum Totengrund unternehmen. Der Totengrund ist ein von steilen Hängen umschlossenes Trockental aus der Eiszeit. Das weitläufige mit Wacholder bewachsene Tal erhielt seinen Namen aufgrund der vielen großen und kleinen Findlinge, die ein Gletscher vor langer Zeit aus Skandinavien bis in die Heide trug. Wanderwege führen entlang seinem oberen Rand und gewähren Einblicke in diese Landschaft aus Heide und Wacholder. Im nahen Steingrund bildet der Wacholder einen dichten, hoch gewachsenen Wald. Sein Name stammt von den vielen Findlingen, die hier nicht einzusehen sind.

Mitten im Naturschutzgebiet liegt der kleine **Heideort Wilsede**, der für den Autoverkehr völlig gesperrt ist. Man kommt nur zu Fuß, mit Fahrrad oder Kutsche dorthin. Er vermittelt den Eindruck eines (bewohnten) Museumsdorfes. Es gibt drei Gasthäuser, eine Milchhalle mit Museumsladen und das Heidemuseum „Dat Ole Hus". Das Bauernhaus (1742) bietet Einblick in das Leben der Heidjer in vergangenen Jahrhunderten und zeigt die typische Einrichtung und Arbeitsweise eines Heide-Bauernhofes um 1850. Gegenüber im Ausstellungsschafstall auf dem „Emhoff" werden Sonderausstellungen gezeigt. (Mai-Okt., täglich 10-16 Uhr).

BISPINGEN-TOURISTIK

Bispingen-Touristik e.V.
Borsteler Str. 6 · **29646 Bispingen**
Telefon: 05194/39850
Telefax: 05194/39853
E-Mail: info@bispingen-touristik.de
Internet: www.bispingen.de

❖ Snow Dome (Skihalle), Kart&Bowl-Center

HEIMATMUSEUM „DAT OLE HUS"

> SFA

Schäfer und seine Herde

Von Wilsede aus kann man nach Ober- und Niederhaverbeck weiterfahren (Strecke 4,5 km). Es ist die kürzeste der Routen, die von den umliegenden Dörfern auf den kleinen Heideort zuführen. Dort trifft man allerdings nur auf zwei winzige Weiler. Niederhaverbeck ist gleichzeitig Hauptsitz des Vereins Naturschutzpark e.V. (Niederhaverbeck 7).
Die Kutschfahrten nach Wilsede beginnen an den beiden Großparkplätzen. Niederhaverbeck ist auch Ausgangspunkt für eine etwa einstündige Rundwanderung durch das Tal der Haverbeeke.

Wilsede ist Namensgeber für den Wilseder Berg, der mit 169,2 Metern die höchste Erhebung der Norddeutschen Tiefebene darstellt. An der höchsten Stelle des Berges kündet ein Findling dies dem Wanderer an. Bei ganz klarer Sicht hat man von hier aus schon mal einen Weitblick bis nach Lüneburg und Hamburg (40 km). Nahe dem ersten Findling erinnert ein zweiter Findling (Foto) an den Mathematiker Carl Friedrich Gauß (1777-1855), der von hier oben die erste trigonometrische Vermessung des Königreichs Hannover begann.

Kutschfahrten werden in den Heideorten Döhle, Nieder- und Oberhaverbeck sowie Undeloh angeboten. Näheres kann bei der Tourist-Information erfragt werden. Dort erfährt man auch, wo sich gerade Heidschnuckenherden aufhalten. Radwanderwege sind im Naturschutzgebiet nicht markiert und es kann vorkommen, das man den Drahtesel gelegentlich schieben muß, da es hier fast nur Sandwege gibt. Es gibt zahlreiche Fahrradverleihstationen.

In Wilsede dient die „Milchhalle" als einladende Raststätte für den müden Heidewanderer. Ein kleiner Museumsladen ist angeschlossen.

> SOLTAU-FALLINGBOSTEL

Cordinger Mühle in Benefeld

< Bomlitz > ... 6.981 EINWOHNER – 8 ORTSTEILE
AHRSEN, BENEFELD, BOMMELSEN, **BOMLITZ***, BORG, JARLINGEN, KROGE, UETZINGEN.

Bomlitz mit seinen Ortsteilen liegt mitten in der Lüneburger Heide. Bereits auf Bomlitzer Gemeindegebiet befindet sich der größte Vogelpark der Welt. Im Vogelpark Walsrode kann man den ganzen Tag verbringen. Hier leben 4.000 Vögel aus 650 Arten und allen Kontinenten in einer einmaligen Park- und Gartenlandschaft. Der Park ist von Mitte März bis Ende Oktober täglich von 9.00-19.00 Uhr (im Herbst bis 18 Uhr) geöffnet. (➜ www.weltvogelpark.de)

Bomlitz ist umgeben von ausgedehnten Heideflächen, Waldlandschaften und reizvollen Tälern, wo die Heideflüsschen Böhme, Warnau und Bomlitz gemächlich fließen. Für Rundwanderungen bietet sich das Landschaftsschutzgebiet Eibia/Lohheide an.

Jahrzehntelang war dieses Gebiet für die Öffentlichkeit gesperrt. Zwischen 1938 und 1945 befanden sich hier Produktionsstätten für Pulver- und Sprengstoffherstellung. Jetzt genießt man eine einzigartige Flora und Fauna, die nur sich selbst überlassen blieb. Heideflächen wie das Hügelgräberfeld in der Borger Heide finden sich hier.

Die Cordinger Mühle steht im Ortsteil Benefeld. Es ist eine restaurierte Wassermühle mit Müllerhaus und Backhaus. Zu den hier stattfindenen kulturellen Veranstaltungen zählt der Deutsche Mühlentag mit Handwerkermarkt am Pfingstmontag.

Im Müllerhaus ist eine ständige Ausstellung dem Schriftsteller Arno Schmidt, der hier auf dem Mühlenhof mehrere Jahre lebte, gewidmet.

VERKEHRSVEREIN BOMLITZ

Verkehrsverein Bomlitz e.V.
Walsroder Str. 23 · **29699 Bomlitz**
Telefon: 05161/9490249
Telefax: 05161/49202
E-Mail: verkehrsverein-bomlitz@gmx.de
Internet: www.heideurlaub-bomlitz.de

❖ Vogelpark Walsrode, Cordinger Mühle

VOGELPARK WALSRODE

> **SFA**

Schafstallkirche St. Martin

< Munster, Stadt > ... 16.477 EINWOHNER – 9 ORTSTEILE
ALVERN, BRELOH, ILSTER, KOHLENBISSEN, KREUTZEN, **MUNSTER***,
OERREL, TÖPINGEN, TRAUEN.

Munster liegt an der Oertze im Herzen der Lüneburger Heide. Bereits 1303 wurde Munster erstmals urkundlich erwähnt. Der Name leitet sich vermutlich von einem hier gegründeten Benediktinerkloster ab.
Der heute größte Standort der Bundeswehr ging ursprünglich aus einem Truppenübungsplatz hervor. Dieser wurde in der Nähe des Heidedorfes 1892/93 angelegt. Spätestens seit 1956 entwickelte sich Munster dann zu einem der wichtigsten und bedeutendsten Bundeswehrstützpunkten und ist ohne Militär nicht mehr vorstellbar. 1967 erlangte es die Stadtrechte, was auch als Würdigung der hohen militärischen Bedeutung zu verstehen ist. 1971 und 1972 vergrößerte man sich um weitere Ortschaften. Das Gesicht der Innenstadt veränderte sich im Rahmen der 1. Landesausstellung „Natur im Städtebau" 1988. Viele Grünflächen und Parks bereicherten die Stadt fortan. So versteht man sich heute auch als „Stadt der Kunst". Besonders deutlich wird dies am Mühlenteich. Hier wechseln sich Skulpturen und Brunnen auf einem überschaubaren Raum ab.
Historischer Treffpunkt ist der Ollershof (Austragungsort der Mahl- und Backtage) mit seinem Treppenspeicher, einem Backhaus und den Schweinehäusern oder die historische Wassermühle (1556) im Stadtpark. Am westlichen Stadtrand entstand aus einem alten Schafstall die Kirche für die St. Martin-Kirchengemeinde. Sie wurde 1989 geweiht. Einzigartig ist auch die umfangreiche Sammlung des Deutschen Panzermuseums, das seit 1983 Jahren existiert. Der Flüggenhofsee ist Naherholungsgebiet und im Oertztal befindet sich ein Wildgehege.

MUNSTER TOURISTIK	HEIMATMUSEUM OLLERSHOF
Munster Touristik Veestherrnweg 5 · **29633 Munster** Telefon: 05192/89980 Telefax: 05192/899825 E-Mail: info@munster-touristik.de Internet: www.munster.de ❖ Deutsches Panzermuseum Munster	

> SOLTAU-FALLINGBOSTEL

Hofanlage „Schröers-Hof"

< Neuenkirchen > ... 5.672 EINWOHNER – 11 ORTSTEILE
BEHNINGEN, BROCHDORF, DELMSEN, GRAUEN, GILMERDINGEN-
LEVERDINGEN, **NEUENKIRCHEN***, HERTEL, ILHORN, SCHWALINGEN,
SPRENGEL, TEWEL.

Neuenkirchen fand erstmalig Erwähnung in einer Urkunde aus dem Jahr 1283. Heute ist man stolzer Luftkurort und mehrfach bei städtebaulichen Wettbewerben ausgezeichnet. Zu einem besonderen Freilichtmuseum und Kulturzentrum wurde die historische niedersächsische Hofanlage „Schröers-Hof" ausgebaut. Es ist ein Mittelpunkt des touristischen Lebens geworden. Alljährlich im September findet dort das Kartoffelfest statt und von Mai bis Oktober jeweils montags die Bratkartoffelabende.

Der Name „Schnuckendorf" kommt daher, weil sich hier eine der größten Schnuckenherden der Lüneburger Heide befindet. Untergebracht sind sie auf dem Schäferhof, einer Heidschnuckenstallanlage am Ende der Falshorner Straße. Der Hof besteht aus zwei reetgedeckten Ställen, dem Heidehaus (Info-Zentrum), einer großen Scheune, einer Wagenremise, einer historischen Stallscheune und einer großen Hundehütte (➜ Heide-Erlebnispfad auf dem Schäferhof).

Ausgeschilderte Rad- und Radwanderwege führen zu fast 40 Kunstobjekten, entstanden aus Naturmaterialien und unterstützt durch den Kunstverein Springhornhof. Im Dorf selbst birgt die neugotische Bartholomäuskirche (1879/1880) Kostbarkeiten in seinem Innern.

In Sprengel steht ein Galerieholländer von 1877 und am Hahnenbach die Rutenmühle. Das ist eine Wassermühle mit drei Rädern, deren erstes Mühlengebäude aus der Zeit vor 1611 stammt.

HEIDE-TOURISTIK NEUENKIRCHEN

Schröers-Hof
Kirchstraße 9 · **29643 Neuenkirchen**
Telefon: 05195/5139 oder 5132
Telefax: 05195/5128
Tourist-Info-Neuenkirchen@t-online.de
www.heideurlaub24.de

❖ Freilichtmuseum „Schröers Hof"

SCHÄFERHOF NEUENKIRCHEN

> **SFA**

Heidegarten (Luftbild)

< Schneverdingen, Stadt > ... 18.975 EINWOHNER – PLUS 10 OT EHRHORN, GROSSENWEDE, HEBER, INSEL, LANGELOH, LÜNZEN, **SCHNEVERDINGEN*** SCHÜLERN, WESSELOH, WINTERMOOR, ZAHRENSEN.

Schneverdingen liegt direkt am Naturschutzgebiet Lüneburger Heide. Charakteristisch sind die weiten Heideflächen, Auenlandschaften, Wälder, Wiesen und Moore. Seit 1972 ist die Heideblütenstadt auch Luftkurort und besitzt seit 1976 die Stadtrechte. Einst prägte die Heidebauernwirtschaft und der Torfabbau den Ort. Wirtschaftliche Blüte brachte das Handwerk und die Schuh- und Fellbranche.

Die vielfältigen landschaftlichen Reize verhalfen dem Tourismus zu großem Aufschwung. Im Norden grenzt das Landschaftsschutzgebiet Höpen ans Stadtgebiet, Heideflächen sind durch Wanderwege für Naherholungssuchende zugänglich. Zwei Rundwanderwege von 3,7 und 6,4 Kilometer Länge erschließen das Landschaftsschutzgebiet Höpen. Auf einer in eine Talmulde eingebetteten Freilichtbühne findet alljährlich am letzten Augustwochenende die Krönung der Heidekönigin als Höhepunkt des Heideblütenfestes statt.

Besonders beeindruckend ist der „Heidegarten", ein künstlich angelegtes Rondell in Form einer Sonnenuhr (Foto oben). Dieses zeigt eine Vielzahl der über 130 Heidesorten und rund 120.000 Pflanzen, über das ganze Jahr verteilt. Angrenzend befindet sich auch einer der Schneverdinger Schafställe (Foto links), wo während der Saison Schäferabende stattfinden.

SCHNEVERDINGEN TOURISTIK

Schneverdingen Touristik
Rathauspassage 18 **29640 Schneverdingen**
Telefon: 05193/93-800
Telefax: 05193/93-890
E-Mail: touristik@schneverdingen.de
Internet: www.schneverdingen-touristik.de

❖ Eine-Welt-Kirche, Pult- u. Federkielmuseum (Insel)

SCHAFHERDE

Krönungszeremonie (Heidekönigin)

Am nördlichen Stadtrand unter hohen Eichen steht „De Theeshof", ein Fachwerk-Zweiständerhaus. Zusammen mit weiteren Gebäuden bildet es das Heimatmuseum. Es können Treppenspeicher, Backhaus, Schafstall, Ziehbrunnen und Wagenremise mit alten Fahrzeugen und landwirtschaftlichem Gerät besichtigt werden.

Die „Eine-Welt-Kirche" ist ein Projekt zur EXPO-Weltausstellung (2000) in Deutschland gewesen. Sie wurde ganz aus Holz in Brettstapelbauweise geschaffen. Durch Glaswände kann man in sie hinein sehen. Im Innern befindet sich der „Eine-Erde-Altar", in dem sich 7.000 Erdproben von 7.000 Orten der Erde in versiegelten Plexiglasbüchern befinden. Deren Herkunft wird im Internet dokumentiert (www.eine-welt-kirche.de).

Ganz im äußersten Südosten geht es für den Wanderer ins 8.000 Jahre alte „Pietzmoor", eine ursprüngliche Hochmoor-Naturlandschaft mit Wollgras, Torfmoosen, Glockenheide und Sonnentau. Das Moor kann auf Pfaden und an schwierigen Stellen zum Teil auf Bohlenstegen und Knüppeldämmen auf einem Rundwanderweg (4,8 km, in Verlängerung 6,6 km) erkundet werden. Ein weiteres Wandergebiet ist die Osterheide. An ihrem südöstlichen Rand kann man auf einem Bohlensteg über das Möhrer Moor wandern und erreicht schließlich die „Alfred-Toepfer-Akademie für Naturschutz". Auf der umgebauten Hofstelle Möhr ist die Umweltschutzeinrichtung des Landes untergebracht. Sie setzt sich für den Erhalt dieser Kulturlandschaft ein. Dazu finden Führungen über das Hofgelände statt und Ausstellungen über Themen des Natur- und Umweltschutzes werden gezeigt (➜ Rundwanderweg „Uhlenstieg").

LANDSCHAFTSSCHUTZGEBIET HÖPEN

PIETZMOOR MIT BOHLENSTEGEN

> SFA

Altes Rathaus (1825)

< Soltau, Stadt > ... 21.798 EINWOHNER – PLUS 16 ORTSTEILE
AHLFTEN, BROCK, DEIMERN, DITTMERN, HARBER, HÖTZINGEN, LEITZINGEN, MANBOSTEL, MEINERN, MITTELSTENDORF, MOIDE, OENINGEN, **SOLTAU***, TETENDORF, WIEDINGEN, WOLTEM, WOLTERDINGEN.

Soltau wird gern als „Herz der Heide" bezeichnet. Hier kreuzen sich die Verkehrswege. Die Geburtsstunde war im Jahr 937. Damals verschenkte König Otto I. den „Hof im Loingau" an das Stift Quedlinburg. Die Stadtrechte bekam Soltau 1388. Soltaus Name weist auf Salzquellen hin (Sole-Kurbetrieb). Die Solequelle wird seit 1990 zu Heilzwecken genutzt und speist ein Sole-Erlebnisbad, die Soltau-Therme. Das Solebad bietet eine Saunalandschaft, Solarien, Kinder-Badeland und Restaurants.

Die Waldmühle an der Böhme ist eine bereits 937 genannte Wassermühle, die heute das Bibliothekszentrum der Stadt darstellt. Wo die Böhme in die Soltau mündet, verlief eine wichtige Handelsstraße. Unweit eines „Königshof an der Salzaue" erhebt sich heute die Johanniskirche, die älteste Kirche der Stadt (1464 erstmals erwähnt).

1906 brannte sie völlig aus und wurde 1907/08 neubarock wieder aufgebaut. Stadteinwärts erreicht man die Poststraße und das Alte Rathaus (1825) mit einem Gedächtniszimmer an den Heidedichter Friedrich Freudenthal, der in Soltau auch Bürgermeister war.

Gleich gegenüber liegt das „Norddeutsche Spielzeugmuseum" mit Exponaten aus vier Jahrhunderten. In Sichtweite liegt das Museum Soltau. Es wurde 1830 als Pastorenhaus erbaut und diente ca. 120 Jahre als Wohnung für Pastoren und Superintendenten. Einer der schönsten Flachmoorseen der Heide ist das Ahlftener Flatt, ein vermoorender Heidesee, nur 3 Kilometer nördlich von Soltau gelegen. (➔ Heide-Park Soltau).

SOLTAU-TOURISTIK

Soltau-Touristik GmbH
Am Alten Stadtgraben 3 · **29614 Soltau**
Telefon: 05191/828282
Telefax: 05191/828299
E-Mail: info@soltau-touristik.de
Internet: www.soltau-touristik.de

❖ Norddeutsches Spielzeugmuseum, Soltau-Therme

SPIELZEUGMUSEUM SOLTAU

> SOLTAU-FALLINGBOSTEL

Kloster Walsrode – ältestes Heidekloster

< Walsrode, Stadt > . . . 24.070 EINWOHNER – PLUS 22 ORTSTEILE ALTENBOITZEN, BENZEN, BOCKHORN, DÜSHORN, EBBINGEN, FULDE, GROSS EILSTORF, HAMWIEDE, HOLLIGE, HONERDINGEN, HÜNZINGEN/DREIKRONEN, IDSINGEN, KIRCHBOITZEN, KLEIN EILSTORF, KRELINGEN, NORDKAMPEN, SCHNEEHEIDE, SIEVERDINGEN, STELLICHTE, SÜDKAMPEN, VETHEM, **WALSRODE***, WESTENHOLZ.

Walsrode entstand aus einem 986 vom Grafen Wale gegründeten Kloster und der älteren Siedlung Rode. Sein mittelalterliches Gesicht hat die Stadt (seit 1383) bei einem Großbrand im Jahre 1757 größtenteils eingebüßt. Doch das Kloster, das älteste der sechs Heideklöster, besteht und ist heute ein evang. Damenstift. Es beherbergt einige Kostbarkeiten, die man besichtigen kann. Der Johannistag am 24. Juni wird mit einem „Offenen Singen" und einem Vespergottesdienst gefeiert. Die Klosterdamen erscheinen dazu in ihrer Festtracht.

Mitten im Stadtwald Eckernworth bietet das Heidemuseum „Rischmannshof" Einblicke in das tägliche Leben früherer Generationen. Außer bäuerlichen Gebäuden erinnert das Freilichtmuseum auch an den berühmten Sohn, den Holzschnitzer und Maler Hans Brüggemann und den Heidedichter Hermann Löns (1866-1914). In einem Treppenspeicher ist ein Bienenmuseum eingerichtet und in einer Fachwerkscheune arbeitet gelegentlich ein Schmied in einer historischen Werkstatt. Mittwochs ist Backnachmittag.

Nördlich der Stadt beginnt ein Vogelparadies – der größte Vogelpark der Welt wurde mitten in der Heide errichtet. Im Tietlinger Wacholderhain zu Walsrode befindet sich unter einem schlichten Stein die letzte Ruhestätte von Hermann Löns und im Westenholzer Bruch steht die Jagdhütte des berühmten Heidedichters.

TOURIST-INFORMATION WALSRODE

Tourist-Information Walsrode
Lange Straße 22 · **29664 Walsrode**
Telefon: 05161/977110
Telefax: 05161/977108
E-Mail: tourismus@stadt-walsrode.de
Internet: www.stadt-walsrode.de

❖ Zierkerzenschnitzerei „Heide-Wachs"

WALDGASTSTÄTTE ECKERNWORTH

> **SFA**

„Heideimker" steht vor dem „Haus Stegen"

< Wietzendorf > ... 4.075 EINWOHNER – 5 ORTSTEILE
BOCKEL, MEINHOLZ, REDDINGEN, SUROIDE, **WIETZENDORF***.

Wietzendorf war bereits 1231 selbstständige Kirchengemeinde und ist heute staatlich anerkannter Erholungsort. Geprägt wird das Imkerdorf von Kiefernwaldungen, landwirtschaftlichen Nutzflächen, Restmoor- und Heidegebiete. Es gibt sowohl kleine Ortschaften, Gehöftgruppen und Einzelgehöfte. Im Ortskern, ganz in zentraler Lage befindet sich der Peetshof, eine Hofanlage aus dem Jahr 1874. Sie präsentiert sich auch heute noch im Originalzustand und beherbergt ein bäuerliches Museum, ein Landwirtschafts-, ein Torf- und ein Imkermuseum.

Das hier stattfindende Sommerfest des Heimatvereins ist immer einer der Höhepunkte des kulturellen Lebens im Dorf (letzter Sonntag im Juli). Die St.-Jakobi-Kirche wurde 1876 im neugotischen Sil errichtet. Den aus Holz gebauten Kirchturm von 1746 hat man beim Nachfolgebau wieder benutzt. Er trägt drei große Glocken.

Außerhalb von Wietzendorf ist ein Südsee-Camp angesiedelt, eine große Campingplatzanlage rund um den Kiessee. Dort gibt es auch ein Südsee-Badeparadies mit Wellenbad, Wildwasserkanal, Piratenschiff und Kontiki-Bar.

Typisch schwedisch kommt das Feriendorf „Sommarby" daher. Hier stehen die landestypischen Holzhäuser in einem Dorfverbund (Foto rechts). Am letzten Wochenende im September findet das überregional bekannte Honigfest statt.

Drei Naturschutzgebiete weist die Region um Wietzendorf auf. Die Truppenübungsplätze Munster-Süd und Bergen-Hohne befinden sich in der Nachbarschaft (ausgewiesene Sperrgebiete).

TOURIST-INFORMATION

Tourist-Information Wietzendorf
Über der Brücke 1 · **29649 Wietzendorf**

Telefon: 05196/2190
Telefax: 05196/2275
E-Mail: verkehrsverein@wietzendorf.de
Internet: www.wietzendorf.de

❖ Südsee-Camp (Campingplatz mit Badeparadies)

SÜDSEE-CAMP IN DER HEIDE

> SOLTAU-FALLINGBOSTEL

Grasende Schafe vor Schloss Ahlden

> **< Samtgemeinde Ahlden >** ... 6.955 EINWOHNER – 5 GEMEINDEN AHLDEN/ALLER (FLECKEN) – 1.523 EINWOHNER – EICKELOH, GRETHEM, HADEMSTORF, **HODENHAGEN*** – 2.814 EINWOHNER.

Der Flecken **Ahlden** wurde 1140 erstmals erwähnt. Das Schloss Ahlden an der Alten Leine wurde zum Schauplatz einer welfischen Familientragödie. Erst durch die Geschichte um die Prinzessin von Ahlden wurde das Schloss, ein von Wall und Graben umgebendes Herrenhaus, so richtig bekannt. Die Vermählung der Prinzessin Sophie Dorothea (1666-1726) mit Georg I. Ludwig von Hannover im Jahr 1682, der spätere König von England, beruhte einzig auf politischen Erwägungen. Nach „Pflichterfüllung" wurde sie auf das Altenteil gesetzt und 1695 bis zu ihrem Tode nach Ahlden verbannt. Das Schloss (vorher Bunkenburg) wurde 1344 an seinem jetzigen Platz errichtet. Wegen des morastigen Untergrunds steht es auf Pfählen. Heute ist es in Privatbesitz.

Die Alte Kirche (1296) in **Eickeloh** ist ein gotischer Backsteinbau, der von einem alten Friedhof umgeben ist. Zuletzt diente sie als Familiengruft derer von Hodenberg. Während die Raubritter in **Hodenhagen** im Aller-Leine-Tal einst ihr Unwesen trieben, steht der Name Hodenhagen heute für ein Großwildreservat (➜ Hofanlage „De Brinkhof").

Der „Serengeti-Park Hodenhagen" ist ein vielbesuchtes Ausflugsziel. Unweit der Autobahn (A7) fährt man mit dem eigenen Auto ins Großwildreservat. Der Park ist in verschiedene Welten aufgeteilt. Die Gesamtfläche beträgt ca. 180 Hektar. Im Tierland warten rund 1000 Tieren aus aller Welt und im Freizeitland gibt es viele Fahrattraktionen, Shows und Gastronomie. Geöffnet täglich von März-Oktober von 10.00-18.00 Uhr.

FREMDENVERKEHRSAMT

FVA Ahlden / Hodenhagen
Bahnhofstraße 30 · **29693 Hodenhagen**
Telefon: 05164/9707-81
Telefax: 05164/1787
E-Mail: samtgemeinde@ahlden.info
Internet: www.ahlden.info

❖ Serengeti-Park (www.serengeti-park.de)

SERENGETIPARK HODENHAGEN

> SFA

Burghof als Bürger- und Kulturzentrum

< Samtgemeinde Rethem/Aller > ... 4.751 EINWOHNER – GEMEINDEN BÖHME (RITTERGUT), FRANKENFELD (RITTERGUT), HÄUSLINGEN (RITTERGUT), **RETHEM/ALLER, STADT*** – 2.297 EINWOHNER.

Rethem an der Aller besteht aus den Ortschaften Stöcken, Wohlendorf, Rethem-Moor und dem Rethemer Stadtgebiet. Rethem hat die Stadtrechte schon seit 1353. An einem strategisch und wirtschaftlich wichtigen Allerübergang entstand früh eine Siedlung. Im Laufe seiner Geschichte wurde Rethem immer wieder durch Kriege zurückgeworfen. Das Rathaus (1792) und das noch weit ältere Haus Wolters (ehem. Amtsschreiberhaus, 1685) gleich nebenan bilden zusammen mit dem Londypark ein sehenswertes Ensemble. Gegenüber steht die St.-Marien-Kirche (1829-1833). Auf dem Burghofgelände wurde das Bürger-und Kulturzentrum (mit Museum) unter Zugrundelegung der historischen Burgmauer 2005 fertiggestellt.

Das Wahrzeichen der Stadt ist gleichzeitig ein Geschenk. Die Bockwindmühle (1594) steht im Londypark. Bis 1955 befand sie sich in Frankenfeld auf einer Anhöhe an der Grenze zur Feldmark Bosse. Anläßlich ihrer 600-Jahrfeier bekam Rethem 1953 sie vom Landkreis Fallingbostel geschenkt. Erst 1955 wurde sie feierlich eingeweiht. Eine der ältesten Kirchen des Landes steht im Nachbarort Kirchwahlingen, eine über 1000-jährige Wehrkirche mit Feldsteinturm.

Es gibt bemerkenswerte Rittergüter in der Gegend. So steht das Rittergut Böhme an der Mündung der Böhme in die Aller. Sehenswert ist das Herrenhaus (1715) mit zwei Seitenhäusern sowie die Kapelle (1716) und eine weitläufige Gartenanlage. Frankenfeld und Häuslingen haben ebenfalls Rittergüter. Einen Boots- und Shuttle-Bike-Verleih gibt es in Bosse.

SAMTGEMEINDE RETHEM

Samtgemeinde Rethem/Aller
Lange Straße 4 · **27336 Rethem (Aller)**
Telefon: 05165/9898-0
Telefax: 05165/9898-98
E-mail: rathaus@rethem.de
Internet: www.rethem.de

❖ Rittergut Böhme mit Kapelle

RITTERGUT BÖHME

> SOLTAU-FALLINGBOSTEL

Rathaus Schwarmstedt

< Samtgemeinde Schwarmstedt > ... 12.226 EINWOHNER
BUCHHOLZ (ALLER), ESSEL, GILTEN, LINDWEDEL,
SCHWARMSTEDT* – 5.247 EINWOHNER.

Schwarmstedt ist ein staatlich anerkannter Erholungsort inmitten einer reizvollen Fluss- und Auenlandschaft genau an der Flussgabelung von Aller und Leine. Das Aller-Leine-Tal mit Marsch-, Heide- und Moorlandschaften umfasst neben seinen vielen kleinen Dörfern einige Hauptorte, zu denen auch Schwarmstedt gehört. Wall- und Grabenreste von einstigen Burgen findet man noch in Essel und Engehausen.

Die Kirche in Schwarmstedt wird in einer Schenkungsurkunde um 1150 erwähnt. Schwarmstedt bietet gute Einkaufsmöglichkeiten, einen Badesee und ein Hallenbad.

In Bothmer, einem angrenzenden Ortsteil, haben seit über 800 Jahren die Herren von Bothmer ihren Stammsitz. Es ist der einzige Uradel auf Kreisgebiet. Bothmer hat sein dörfliches Gesicht bewahren können. So sind von Schloss Bothmer der Turm und der Ostflügel erhalten geblieben und immer noch in Besitz derer von Bothmer (Privatbesitz, keine Besichtigung möglich).

Die Bothmer Mühle (Foto links) ist eine Holländerwindmühle von 1822, sie ist noch voll funktionstüchtig und befindet sich in Gilten. Im Schulmuseum „Alte Dorfschule Bothmer" kann man an einer Schulstunde wie zu „Kaiser's Zeiten" teilnehmen und Harry's klingendes Museum stellt eine Privatsammlung mechanischer Musikinstrumente dar. Es befindet sich in der Neustädter Str. 25 in Schwarmstedt. Besichtigung auf Anmeldung unter Tel. 05071/912941.

ALLER-LEINE-TAL | SCHLOSS BOTHMER

Tourismusregion Aller-Leine-Tal
Am Markt 1 · **29690 Schwarmstedt**
Telefon: 05071/8688
Telefax: 05071/912557
E-Mail: touristinfo@aller-leine-tal.de
Internet: www.aller-leine-tal.de

❖ „Harrys klingendes Museum" (Tel. 05071/912941)

> SFA

Fachwerkkirche in Ostenholz

< Osterheide - Gemeindefreies Gebiet > ... 779 EINWOHNER
OERBKE*, OSTENHOLZ, WENSE.

Der Truppenübungsplatz Bergen wurde in den dreißiger Jahren eingerichtet und hat für die am Rand verbliebenen Bewohner, es sind rund 1.600 Menschen, bundesweit etwas Einmaliges gebracht. Sie leben in besonderer Lage als Einwohner der gemeindefreien Bezirke Osterheide (SFA) und Lohheide (Kreis Celle), die direkt dem Bund unterstellt sind. Gegründet wurden sie im Sommer 1958. Anstelle eines Bürgermeisters setzt das Finanzministerium je einen Bezirksvorsteher ein. In Osterheide gibt es noch drei besiedelte Ortsteile. Der Verwaltungssitz ist Oerbke.

Viele der Menschen hier wohnen in Häusern, die der Bundesrepublik Deutschland gehören. Die Bewohner genießen trotz der Geräuschkulisse vom nahen Übungsplatz die Ruhe in der fast unberührten Moorlandschaft ringsherum. Es sind auch noch einige Sehenswürdigkeiten zu entdecken. So befindet sich in **Oerbke** ein Kriegsgefangenenfriedhof für ca. 30.000 sowjetische Kriegsgefangene aus dem Kriegsgefangenenlager Stalag XI D (1941-1945). Sie haben auf diesem „Friedhof der Namenlosen" als Opfer des Nationalsozialismus ihre letzte Ruhestelle gefunden.

Ostenholz ist noch ein typisches Heidedorf mit einer 1724 errichteten Fachwerkkirche mit hölzernem Turm. Das idyllische Dorf Wense hat eine Kapelle der Familie von der Wense. Der Erbauer war Friedrich Wilhelm von der Wense. 1558 wurde zunächst eine Backsteinkapelle errichtet, die bei ihrer Renovierung 1869 einen sandsteinfarbenen Anstrich erhielt.

An jedem Wochenende (Samstags und Sonntags von 8.00 bis 18.00 Uhr) können von Ostenholz aus über eine Zufahrtsstraße und über den Truppenübungsplatz Bergen die „Sieben Steinhäuser" – das sind Großsteingräber aus der Jungsteinzeit – besichtigt werden. Die Zufahrtsstraße darf dazu aber nicht verlassen werden, da es sich um einen militärischen Sicherheitsbereich handelt.

Es sind nur noch fünf Steingräber vorhanden, die vor etwa 4000 Jahren als Beinhäuser für die Toten errichtet wurden.

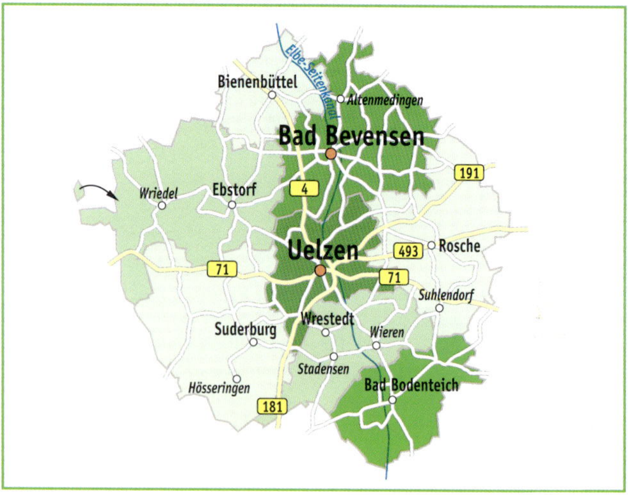
Elbe-Seitenkanal
Bienenbüttel
Altenmedingen
Bad Bevensen
191
Wriedel
Ebstorf
4
Uelzen
493
Rosche
71
71
Suhlendorf
Wrestedt
Suderburg
Wieren
Stadensen
Hösseringen
Bad Bodenteich
181

LANDKREIS UELZEN

REISE-INFOS

Touristinformation Uelzen
Herzogenplatz 2
29535 Uelzen

Tel. 0581 / 800-6172
Fax 0581 / 800-76172

tourismusinfo@stadt.uelzen.de
www.uelzen-tourismus.de
Öffnungszeiten:
Mo.-Fr. 9-18 Uhr, Sa. 9-13 Uhr

>> LANDKREIS UELZEN

FLÄCHE: 1453,75 km² ◆ BEVÖLKERUNG: 94.673

STADT UELZEN · 34.397 EINWOHNER — 18 Ortsteile

Uelzen liegt im östlichen Gebiet der Lüneburger Heide. Die Stadt befand sich ursprünglich dort, wo jetzt der Vorort Oldenstadt ist. Wegen Streitigkeiten mit dem dortigen Kloster ließen sich Kaufleute und Handwerker 1250 auf der anderen Ilmenauseite nieder und erhielten das Stadtrecht 1270 vom Herzog von Lüneburg. Die einstige Häuseransammlung „beim Bischof" wurde fortan nur noch „Olde Stat" (alte Stadt) genannt. Heute ist Oldenstadt ein Stadtteil von Uelzen.

Auffallend ist die Marienkirche (1292), die auf dem höchsten Punkt der Altstadt thront und zu den Musterbeispielen der Backsteingotik zählt. Im Innern ist das „Goldene Schiff", ein mit Halbedelsteinen besetztes Schiffchen – in England erworben und der Stadt später vermacht. Neben dem Rathaus (1790) und der Ratsweinhandlung (1647) gibt es weitere alte Fachwerkgebäude wie die Gertrudenkapelle (1512 als Rasthaus für Kaufleute errichtet).

Der Uelzener Bahnhof wurde nach den Plänen von Friedensreich Hundertwasser (1928-2000) zum Kultur- und Umweltbahnhof umgestaltet. Eine „runde und schwungvolle" Ausgestaltung außen wie innen begegnet dem Besucher auf Schritt und Tritt. Auffallend sind die Säulen und Goldkuppeln. Das „Uhlenköper-Denkmal" (Eulenkäufer) bei der Marienkirche gilt als Wahrzeichen Uelzens. Lassen Sie sich doch die Geschichte dazu einmal von den Bewohnern erzählen!

Ortsteile: Groß Liedern, Halligdor, Hambrock, Hanstedt II, Holdenstedt, Kirchweyhe, Klein Süstedt, Masendorf, Mehre, Molzen, Oldenstadt, Riestedt, Ripdorf, Tatern, Veerßen, Westerweyhe, Woltersburg.

STADT UELZEN

Stadt Uelzen
Herzogenplatz 2 · **29525 Uelzen**
Telefon: 0581/800-6172
Telefax: 0581/800-76172
tourismusinfo@stadt.uelzen.de
www.uelzen-tourismus.de

❖ Hundertwasser-Bahnhof Uelzen

SCHLOSS HOLDENSTEDT

> **UE**

Rathaus mit der Kirche im Hintergrund

< Bienenbüttel > ... 6.646 EINWOHNER – 15 ORTSTEILE
BARGDORF, BEVERBECK, **BIENENBÜTTEL***, BORNSEN, EDENDORF, EITZEN I, GRÜNHAGEN, HOHENBOSTEL, HOHNSTORF, NIENDORF, RIESTE, STEDDORF, VARENDORF, WICHMANNSBURG, WULSTORF.

Bienenbüttel ist seit 1978 staatlich anerkannter Erholungsort und liegt auf halber Strecke (Bahnstation) zwischen Uelzen und Lüneburg an der oberen Ilmenau. Erstmals urkundlich erwähnt wurde es als „Biangibudiburg" im Jahre 1004. Bienenbüttel hat eine wechselvolle Geschichte erlebt. Vielfältige archäologische Funde in und um Bienenbüttel weisen darauf hin, dass diese Region schon Jahrtausende vor der ersten urkundlichen Erwähnung besiedelt war. Gefunden wurden Großsteingräber in Haassel und die bronzezeitlichen Grabhügel in Addensdorf.

Fast 500 Jahre war Bienenbüttel ein bedeutender Verwaltungsmittelpunkt. Das Vogteigebäude von 1659 ist gleichzeitig der älteste heute noch vorhandene Profanbau des Ortes. Die Gastwirtschaft (mit Saal), die das Gebäude heute noch beherbergt, beruht auf dem Privileg eines früheren Vogtes. Neben der Nutzung des Vogteilandes durfte er nämlich einen „Krug" innehaben. Die Auflösung der Vogtei erfolgte bereits 1794. Seit 1902 ist das Gebäude im Eigentum der Familie Moritz.

Im Ortskern ragt die imposante St. Michaeliskirche von 1837 empor. Es handelt sich um eine klassizistische Saalkirche in Ziegelbauweise. Ihr Turm wurde 1907 angefügt. Unweit entfernt erstrahlt seit 2002 das Rathaus und die Gemeindebücherei am neu geschaffenen Marktplatz. Eine fast 1000 jährige romanische Feldsteinkirche (St.-Georgs-Kirche) mit gotischem Chor steht im Ortsteil Wichmannsburg. Sie hat einen spätgotischen Schnitzaltar (Flügelaltar) von 1520.

FREMDENVERKEHRSVEREIN	ALTE VOGTEI (GASTSTÄTTE)
Gemeindeverwaltung Bienenbüttel Marktplatz 1 · **29553** Bienenbüttel Telefon: 05823/9800-0 Telefax: 05823/9800-98 E-Mail: service@bienenbuettel.de Internet: www.bienenbuettel.de ❖ Feldsteinkirche Wichmannsburg	

>> LANDKREIS UELZEN

Kloster Ebstorf

< **Samtgemeinde Altes Amt Ebstorf** > ... 10.336 EINWOHNER
EBSTORF (FLECKEN) * – 5.353 EINWOHNER – HANSTEDT I, NATENDORF,
SCHWIENAU, WRIEDEL.

Ebstorf wirkt bereits kleinstädtisch und liegt etwa 15 km südwestlich von Bad Bevensen. Es ist eingebettet im reizvollen Tal des Flüsschen Schwienau und umgeben von großen Laub- und Nadelwäldern.

Der staatlich anerkannte Luftkurort ist vor allem bekannt durch sein 1164 gegründetes Benediktinernonnenkloster. Das Kloster beeindruckt durch seine vielen gut erhaltenen Gebäude. Kirche, Kreuzgang und die meisten anderen Gebäude wurden im Stil norddeutscher Backsteingotik im 14. Jahrhundert errichtet. Grandios sind die Glasfenster im Kreuzgang (um 1420). Seit 1554 ist es adeliges Damenstift mit einem ganz besonderen Schatz. Aufbewahrt wird nämlich eine originalgetreue Nachbildung der „Ebstorfer Weltkarte". Das Original verbrannte leider 1945 im niedersächsischen Staatsarchiv. Auf knapp dreizehn Quadratmetern Pergament, das sind 30 zusammengesetzte Pergamentbögen, zeigt die nachgebildete Weltkarte aus dem 13. Jahrhundert die Erde nach damaligen Vorstellungen als Scheibe, deren Mittelpunkt Jerusalem bildet. Auch das Paradies ist gleich mit einbezogen. Die Karte ist Ausdruck des hohen geistigen Niveaus der Klosterschulen im Mittelalter.

Besuchenswert ist auch die 1000-jährige Feldsteinkirche in Hanstedt I und das Arboretum Melzingen („Sammlung lebender Hölzer"). In dem einzigartigen Garten (1,7 Hektar) stehen z.B. Mammutbäume aus den USA, Sträucher aus China sowie Pflanzen aus dem Mittelmeerraum (mit Gartencafé). Wriedel hat ein Naturbad und ein alter Treppenspeicher befindet sich im Klostergut Wulfsode.

VERKEHRSVEREIN SAMTGEMEINDE

Altes Amt Ebstorf e.V.
Winkelplatz 4a · **29574 Ebstorf**
Telefon: 05822/2996
Telefax: 05822/946575
E-Mail: touristinfo@ebstorf.de
Internet: www.ebstorf.de

❖ Kloster Ebstorf mit historischer Weltkarte

ALTES RAUCHHAUS

> **UE**

Fußgängerzone in Bad Bevensen

< Samtgemeinde Bevensen > ... 16.201 EINWOHNER – GEMEINDEN ALTENMEDINGEN, **BAD BEVENSEN, STADT*** – 8.600 EINWOHNER – BARUM, EMMENDORF, HIMBERGEN, JELMSTORF, RÖMSTEDT, WESTE.

Bad Bevensen liegt eingebettet in der reizvollen Landschaft der östlichen Lüneburger Heide. Höhenzüge mit Laub- und Nadelwäldern umrahmen das Städtchen im Norden, Osten und Westen. Im Süden befindet sich eine Heidelandschaft. Aufgrund des gesunden Klimas erhielt man bereits im Jahre 1929 die Anerkennung zum Luftkurort, dem die staatliche Anerkennung als Heilbad 1975 folgte. Im Mittelpunkt stehen die vitalisierenden Thermal-Jod-Sole-Heilquellen (Frei-, Hallen- und Therapiebecken und Saunaanlage). Das Kurzentrum mit Wandelhalle und ein Sonnenuhrgarten wird umrahmt von dem weitläufigen 12 Hektar großen Kurpark mit altem Baumbestand und Blumenrabatten. Er wurde im Stil der Auenlandschaft angepaßt und geht fast unmerklich über in die zum Wandern einladenden Wälder rund um Bad Bevensen.

Der historische Ortskern liegt durch das Ilmenautal vom eigentlichen Kurzentrum getrennt. Das heutige Ämterzentrum ging durch einen Umbau aus der Alten Schule (1910) hervor. Den Mittelpunkt des Ortskerns bildet die Dreikönigskirche auf dem Kirchplatz. Rings herum schlängeln sich kleine Gassen. Bad Bevensen hat mehrere Museen (Museum Schliekau, Museum der 50er Jahre, Diabetes-Museum). Höhepunkt des kulturellen Lebens der Stadt sind die Kammerkonzerte im Sommerhalbjahr. Sie finden im Festsaal des Klosters Medingen statt. Das ehem. Kloster ist im barocken und klass. Stil nach einem Großfeuer von 1781 wieder aufgebaut worden. Der kirchliche Mittelbau mit barock geschwungener Haube unterscheidet die Klosteranlage von einem Schloss.

BAD BEVENSEN MARKETING

Bad Bevensen Marketing GmbH
Dahlenburger Str. 1 · **29549 Bad Bevensen**

Telefon: 05821/57-0
Telefax: 05821/5766
E-Mail: bbm@bad-bevensen.de
Internet: www.bad-bevensen-tourismus.de

❖ Jod-Sole-Therme Bad Bevensen

RATSAPOTHEKE

>> LANDKREIS UELZEN

Burg mit Turmrest (Aussichtsplattform)

< Samtgemeinde Bodenteich > ... 6.267 EINWOHNER – GEMEINDEN **BAD BODENTEICH (FLECKEN)** * – 3.931 EINWOHNER – LÜDER, SOLTENDIECK (STEINBACKOFEN).

Bad Bodenteich ist ein Luft-, Kneipp- und Schrothkurort im Südosten des Kreises, umgeben von Heide, Wiesen und Wälder. Der Kur- und Seepark (20 Hektar) bildet das Herzstück. Ihr Wahrzeichen ist die St.-Petri-Kirche. Das Ortsbild zeigt eine neu gestaltete Ortsmitte mit Marktplatz, Rosengarten sowie der Burg als historische Sehenswürdigkeit.

Die Burg blieb bis zum 19. Jahrhundert Amts- und Gerichtssitz der dort amtierenden Vögte, deren Zuständigkeitsbereich fast zwei Drittel des heutigen Landkreises Uelzen ausmachte.

Hier sicherte man die Grenze des Fürstentums Lüneburg zur östlich benachbarten brandenburgischen Altmark. Die Burg blieb stets unbezwungen. Originalfunde aus ihrem wechselvollen Lebenslauf findet man im Burgmuseum. Auf dem Gelände der restaurierten Wasserburg befindet sich neben dem Herrenhaus, das Museum und auch ein Brau- sowie ein Backhaus, wo regelmäßig Backtage veranstaltet werden. Von der Ruine des Bergfrieds aus dem 14. Jahrhundert steht noch ein Turmrest von acht Metern Höhe. Er dient heute als Aussichtsplattform und bietet gleichzeitig in seinem Innern eine „Begreifausstellung" zur Waffen- und Wehrtechnik.

Auf dem Vierhundert-Wasser-Barfußpfad erreicht man auch das Robin-Hood-Castell (Mittelalterspielplatz) in den Seewiesen.

Gleich zwei Naturschutzgebiete bieten sich dem Besucher: Das Gebiet Zwergbirken-Moor mit den Seewiesen und hinter dem Ortsteil Lüder beginnt das Schweimker Moor. (➜ Waldbad als Erlebnisbad).

KURVERWALTUNG BAD BODENTEICH

Kurverwaltung Bad Bodenteich
Burgstraße 8 · 29389 Bad Bodenteich

Telefon: 05824/3539, 3541, 3543
Telefax: 05824/3308
E-Mail: info@bad-bodenteich.de
Internet: www.bad-bodenteich.de

❖ Burg Bodenteich mit Burgmuseum

BURG BODENTEICH

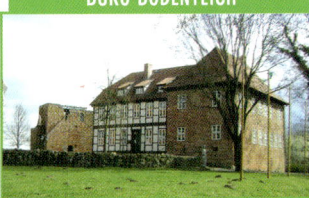

> **UE**

Rathaus Rosche (ehem. Feuerwehrwache)

< Samtgemeinde Rosche > ... 7.070 EINWOHNER – 5 GEMEINDEN OETZEN, RÄTZLINGEN, **ROSCHE*** – 2.064 EINWOHNER – STOETZE, SUHLENDORF – 2.582 EINWOHNER.

Rosche wurde erstmals 1133 urkundlich erwähnt. Die Gemeinde liegt in der reizvollen Wipperau-Niederung, einem alten Siedlungsgebiet. Bis in das 18. Jahrhundert hinein war es ein typisches Bauerndorf. Aufgrund der zentralen Lage entwickelte sich Handel und Kleinhandwerk.
Stolz ist man noch heute, dass König Georg V. von Hannover bei der Weihe der St.-Johannis-Kirche im Jahre 1863 persönlich anwesend war. Er hat nämlich die Orgel gestiftet. In den 1920er Jahren wurden die Bauerndörfer Rosche und Prielip zum Ort Rosche zusammengeschlossen. Durch Neubautätigkeit ist die Gemeinde beträchtlich gewachsen und bildet heute den wirtschaftlichen Mittelpunkt. Sie ist der Verwaltungs-, Kirch- und Schulort der Samtgemeinde.

Suhlendorf ist staatlich anerkannter Erholungsort. Er liegt etwas abseits der großen Verkehrswege, zwischen Uelzen und Salzwedel. Gleich drei große Windmühlen machen Suhlendorf zum Mühlendorf. Die „Kaisergartenmühle" befindet sich an der B71, während die beiden anderen auf dem Mühlenberg in einem kleinen Kiefern- und Laubwald am Rande der Ortschaft stehen. Außerhalb des Freigeländes steht die zum Restaurant und Hotel umgebaute „Waldmühle". Das „Handwerksmuseum am Mühlenberg" umfaßt ein Freigelände, wo die Bockwindmühle „Auguste" noch Mehl vermahlen kann und es dem Bäcker im Backhaus an den Backtagen als Zutat gereicht wird. In den Werk- und Arbeitsstätten wird die Handwerkskunst im Stil der 1950er Jahre gepflegt und dem Besucher präsentiert. (➔ Mühlenfest, 3. WE Juli).

VERKEHRSVEREIN WIPPERAU

Verkehrsverein Wipperau e.V.
Lüchower Straße 15 · **29571 Rosche**
Telefon: 05803/960-0
Telefax: 05803/960-40
E-Mail: waldemarwende@gmx.de
Internet: www.samtgemeinde-rosche.de
www.suhlendorf.de

HANDWERKSMUSEUM SUHLENDORF

>> LANDKREIS UELZEN

Museumsdorf Hösseringen

< Samtgemeinde Suderburg > ... 6.980 EINWOHNER – 3 GEMEINDEN EIMKE, GERDAU, **SUDERBURG*** – 4.534 EINWOHNER.

Nördlich von **Eimke** befindet sich die 60 Hektar große Ellerndorfer Wachholderheide. Sie ist die größte Heidefläche des Landkreises.

Suderburg liegt im Hardautal und beheimatet die 1853 gegründete Wiesenbauschule, die heute Universität Lüneburg (Campus Suderburg) heißt. Ein wuchtiger romanischer Rundturm aus Feldsteinen mit seinen Verstärkungen beeindruckt. Er soll einmal Bergfried einer Billungerburg gewesen sein. Sie war Teil der Befestigungslinie, die sich von Bleckede an der Elbe die Ilmenau aufwärts bis Uelzen und Suderburg erstreckt hat. Angelegt wurde sie zum Schutz gegen die vordringenden Slawen. Die sich an den Turm anschließende Kirche wurde 1753 erneuert.

Hösseringen liegt im Tal des Heideflüsschens Hardau, das unterhalb des Dorfes zu einem kleine See aufgestaut wurde. Der Badesee mit Campingplatz dient der Erholung. Außerhalb des Dorfes auf einer mit Heide bewachsenen Lichtung befindet sich der Landtagsplatz. Es sind dort seit 1936 zahlreiche Findlinge angeordnet worden. Sie tragen alle Namen eines Heidedorfes oder eine Jahreszahl. Ursprünglich fanden hier in den Jahren 1532 bis 1652 regelmäßig die Landtage des Fürstentums Lüneburgs unter freiem Himmel statt (Gedenkstein). Unmittelbar angrenzend beginnt das Museumsgelände des „Landwirtschaftsmuseum Lüneburger Heide". Auf einer Fläche von 12 Hektar befinden sich zur Zeit 28 Gebäude als Haufendorf angelegt. Sie vermitteln den Eindruck von ländlichen Wohn- und Arbeitsbedingungen in der Zeit von 1600 bis 1900. Es werden Feldfrüchte angebaut, die Imkerei und Schafhaltung gezeigt und auch Handwerke vorgeführt. (➔ Wassererlebnispfad, Hardauquelle).

TOURIST-INFORMATION

Suderburger Land
Bahnhofstraße 54 · **29556 Suderburg**
Telefon: 05826/880730
Telefax: 05826/98070
E-Mail: info@suderburgerland.de
Internet: www.suderburgerland.de
Museumsdorf: Telefon: 05826/1774
www.museumsdorf-hoesseringen.de

BRÜMMERHOF (1644)

> UE

Restaurierte Wassermühle

< Samtgemeinde Wrestedt >... 6.776 EINWOHNER – GEMEINDEN STADENSEN, WIEREN, **WRESTEDT*** – 2.975 EINWOHER.

Die Samtgemeinde Wrestedt liegt im Auetal. Zu Wrestedt gehören die Ortsteile Esterholz, Lehmke, Niendorf und Stederdorf.

Die Gemeinde Stadensen gliedert sich in Breitenhees, Kallenbrock, Nettelkamp und Nienwohlde. Wieren hat die Ortsteile Bollensen, Drohe, Emern, Kahlstorf, Könau, Kroetze und Ostedt.

Erste schriftliche Hinweise auf den Ort **Wrestedt** zeigt eine Urkunde aus dem Jahr 892. Hinweise auf die Ortslage sind unbekannt. Die alte Wassermühle, 1330 erstmals erwähnt, war ein wichtiger Mahlplatz zwischen Uelzen und Wittingen.

Eine gut erhaltene Feldsteinkirche (12. Jh., Foto rechts) ist das Wahrzeichen und Mittelpunkt des alten Dorfes Wieren. Ein besonderer Besuchermagnet sind natürlich die imposanten Schleusenbauwerke unweit des Elbe-Seitenkanals bei Esterholz. Hier im Wrestedter Ortsteil Esterholz befindet sich die Schachtschleuse Uelzen mit insgesamt drei Sparbecken und einer Besucherplattform, die man kostenfrei betreten kann. Sie ist eine der größten Schleusenbauwerke Deutschlands mit einer Hubhöhe von 23 Metern. Geschaffen wurde sie im Zuge der Erbauung des 115 Kilometer langen Elbe-Seiten-Kanals, der die Elbe mit dem Mittellandkanal verbindet. 2006 wurde eine zweite Schleuse „Uelzen II" fertiggestellt. Ihre Konzeption beruht auf einer neuartigen Bauweise (Foto). Vom Besuchercafé hat man einen schönen Ausblick auf die gewaltige Schleusenanlage

KURVERWALTUNG BAD BODENTEICH

AUETAL - WRESTEDT - INFO
Burgstraße 8 · **29389 Bad Bodenteich**
Telefon: 05824/3539
Telefax: 05824/3308
E-Mail: auetal@wrestedt.de
Internet: www.auetal-wrestedt.de

❖ Schleuse I & II, Esterholz

SCHACHTSCHLEUSEN UELZEN I/II

Amtshaus Moisburg

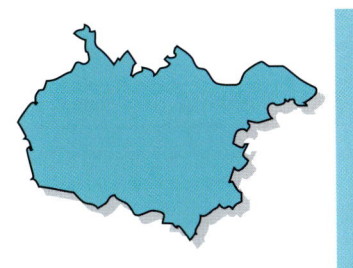

LANDKREIS HARBURG

REISE-INFOS

Tourist-Information
Winsener Elbmarsch

Schlossplatz 11
21423 Winsen (Luhe)
Tel. 04171 / 66 80 75
Fax 04171 / 66 81 33
touristinfo@stadt-winsen.de
www.winsen.de

>> LANDKREIS HARBURG

FLÄCHE: 1244,51 km² ◆ BEVÖLKERUNG: 245.194

STADT WINSEN (LUHE) · 33.967 EINWOHNER   plus 13 OT

In „Winhusen" (1158 erstmals erwähnt) muss um 1233 eine erste Burg entstanden sein, denn bereits 1299 wird das heutige Schloss urkundlich genannt. Ende des 16. Jahrhunderts erhielt es schließlich seine heutige Gestalt. Damals diente es Herzogin Dorothea, einer dänischen Prinzessin, als Witwensitz. Winsens mittelalterlicher Stadtkern wurde durch drei verheerende Großbrände (1528, 1585, 1627) vernichtet. So blieben nur einige wenige Gebäude erhalten. Dazu gehören das Wasserschloss mit Park und Teich und der Marstall (1599, Foto oben), ein Fachwerkbau aus der Renaissance, in dem Kutschen und Kornvorräte untergebracht waren. Heute dient er als Stadtbücherei und Museum zur Vor- und Frühgeschichte sowie zur Stadtgeschichte (Touristinformation). Ins Auge fällt auch das gründerzeitliche Rathaus. Dahinter weitet sich die Marktstraße zum Straßenmarkt. Das älteste noch erhaltene Bürgerhaus ist das Blaufärberhaus (1586) in der Lutherstraße. Sehenswert ist auch das Stift St. Georg, das einst vor der Stadt lag. Im 15. Jahrhundert war es ein Heim für Aussätzige, später Armenhaus und Altersheim. Die Marienkirche erhielt um 1430 ihr heutiges Aussehen. Sie wurde nach Art der Lüneburger Hallenkirchen gebaut. Auf dem ehemaligen Gelände der Landesgartenschau entstanden die „Luhegärten" (➔ Veranstaltungen) Der treue Gefährte und Sekretär Goethes, Johann Peter Eckermann, ist 1792 in Winsen geboren (➔ Eckermann-Denkmal).

*In **Hoopte**, einem Ortsteil von Winsen, befindet sich eine der ältesten Fähranlegestellen an der Elbe. Die Überfahrt zum „Zollenspieker Fährhaus" dauert je nach Strömung 10-20 Minuten. Auf der anderen Seite ist man dann im Hamburger Viermarschenland. Ein Schiffsausflug, der hilft rund 30 km Fahrtstrecke einzusparen.*

TOURIST-INFORMATION

Winsener Elbmarsch
Schlossplatz 11 · **21423 Winsen (Luhe)**
Telefon: 04171/668075
Telefax: 04171/668133
E-Mail: touristinfo@stadt-winsen.de
Internet: www.winsen.de

❖ Marstall mit Heimatmuseum

SCHLOSS WINSEN

Veranstaltungszentrum „Empore"

< Buchholz i. d. Nordheide > ... 38.459 EINWOHNER / + 6 ORTSTEILE
BUCHHOLZ*, DIBBERSEN, HOLM-SEPPENSEN (GOLFPLATZ), REINDORF, SPRÖTZE, STEINBECK, TRELDE.

Buchholz begann als bescheidenes Heidedorf mit zwei Voll- und drei Halbhöfen, 1450 erstmals erwähnt, und ist heute eine lebhafte Einkaufsstadt am Rande der Nordheide. Die Wandlung zur Stadt vollzog sich im rasanten Tempo. Ausschlaggebend dafür war der Bau der Eisenbahnlinie von Hamburg nach Bremen. Zur Stadt erhoben wurde Buchholz im Jahre 1958 und längst hat die junge Stadt ein eigenes Geschäfts- und Behördenzentrum aufgebaut. 1991 eröffnete das Kultur- und Veranstaltungszentrum „Empore". Die Theater- und Unterhaltungsbühne hat seinen Platz mitten im Zentrum gefunden, dort wo früher das Rathaus stand. An der Stelle des neu angelegten Teiches befand sich zu „Heidedorfzeiten" der alte Dorfweiher.

Die Stadt hat eine gute Anbindung an den großen Forst Rosengarten, den Klecker Wald mit seinen Großsteingräbern und zu den Heideflächen am Brunsberg (127 m). Westlich des Brunsberges zwischen Sprötze und Seppensen liegt die Höllenschlucht. Gewaltige Ausmaße erreichen auch die Reste eines Hünengrabes bei Steinbeck („Hünenschloss").

Im Ortsteil Seppensen eröffnet der Schmetterlingspark „alaris" den Besuchern eine Zauberwelt der Schmetterlinge. Drei verschiedene Hallen bilden den Lebensraum für 140 verschiedene Arten. Sie leben in drei Klimazonen von den Subtropen, einer Mischzone (Sommerhaus) bis zum tropischen Wald. Dort flattern Himmelsfalter, Baumnymphen, Passionsfalter, Schwalbenschwänze, Fleckenfalter u. v. m.

Die einzige Windmühle in Buchholz steht im Ortsteil Dibbersen.

TOURISTINFORMATION BUCHHOLZ

Ferienregion Nordheide e.V.
Kirchenstraße 6 · **21244 Buchholz**

Telefon: 04181/282810
Telefax: 04181/282890
E-Mail: info@ferienregion-nordheide.de
Internet: www.ferienregion-nordheide.de

❖ alaris Schmetterlingspark (OT Seppensen)

SCHMETTERLINGSPARK „ALARIS"

>> LANDKREIS HARBURG

Rathaus Neu-Wulmstorf

< Neu Wulmstorf > ... 20.671 EINWOHNER – 5 ORTSTEILE
ELSTORF, **NEU WULMSTORF***, RÜBKE, RADE, SCHWIEDERSTORF.

Neu Wulmstorf ist als moderne Wohngemeinde längst aus seinem einstigen dörflichen Schatten getreten. Eine richtige Stadt aber wollten die Neu-Wulmstorfer nicht werden, so haben die Bürger 2004 entschieden. Auf der stattlichen Durchgangsstraße (B75) dehnt sich das „große Dorf" von Ost nach West zwischen Hamburger Stadtgrenze und der Stadt Buxtehude aus. Bedingt durch die Grenzlage hat es gut funktionierenden Anschluss an den Hamburger Personennahverkehr.

Bis 1835 gab es noch kein „Neues Wulmstorf". Es existierten die Dörfer Rade, Mienenbüttel, Ohlenbüttel, Ardestorf, Wulmstorf (1197), Elstorf, Rübke und Schwiederstorf. Dann begann die Besiedelung der Moor- und Heideflächen, die als Allmendeflächen zu den umliegenden Dörfern Wulmstorf, Elstorf und Daerstorf gehörten. Haus um Haus entstand. Wegen der vielen Füchse nannte man die Ansiedlung „Voßhusen".

Eine große Zuzugswelle aus Hamburg erlebte der Ort nach den Alliierten-Großangriffen auf Hamburg und durch Aufnahme von ausgebombten Hamburgern nach 1945.

1972 erfolgte schließlich die Gründung der Einheitsgemeinde. Die nächsten Jahre waren durch rege Bautätigkeit geprägt. Es entstanden neue Wohnquartiere mit Mehrfamilienhäuser, Reiheneigenheime und Einfamilienhäusern. Straßen wurden neu angelegt.

Seit 1984 gibt es den Einkaufspark „Voßhusen" und 1989 wurde das neue Rathaus gebaut. Es bildet mit dem „Markt-Platz-Center" und seinen vielfältigen Geschäften das heutige Zentrum des Ortes.

GEMEINDE NEU WULMSTORF

Gemeinde Neu Wulmstorf
Bahnhofstr. 39 · **21629 Neu Wulmstorf**
Telefon: 040/70078-0
Telefax: 040/70078-189
E-Mail: gemeinde@rh-neu-wulmstorf.de
Internet: www.neu-wulmstorf.de

»EINKAUFSPARK VOSSHUSEN«

> **WL**

Freilichtmuseum „Am Kiekeberg" in Ehestorf

< Rosengarten > ... 13.356 EINWOHNER – 10 ORTSTEILE
ECKEL, EHESTORF (MIT ALVESEN), EMSEN (MIT LANGENREHM), IDDENSEN (MIT HINTELN), KLECKEN, LEVERSEN (MIT SIEVERSEN), **NENNDORF***, SOTTORF, TÖTENSEN (MIT WESTERHOF), VAHRENDORF.

Für die Herleitung des Gemeindenamens gibt es gleich mehrere Erklärungsversuche, die jedoch alle nicht historisch bewiesen sind. Der Forst Rosengarten ist der Namensgeber und trägt mit seinen Erhebungen (bis 159 m), Schluchten und Mischwaldbeständen entscheidenden Anteil am Gemeindegebiet. Zwei Drittel der Fläche sind ausgewiesenes Landschaftsschutzgebiet.

Die Flächengemeinde grenzt unmittelbar an die südlichen Stadtteile von Hamburg und besteht aus 10 Ortsteilen. Hauptverkehrsachse ist die B 75, an der Tötensen und Nenndorf liegen. Östlich der Achse liegen Eckel und Klecken während sich die übrigen „Reiterdörfer" westlich davon befinden. Nenndorf ist der Verwaltungssitz. Zunehmend an Bedeutung gewinnt Klecken durch einen eigenen Bahnhof.

Rosengarten gehört zum bevorzugten Wohnort vieler Hamburger und hat auch viele Berufspendler nach Hamburg. Es gibt zahlreiche Reiterhöfe und die Freizeitsportler können ihrem Sport im angrenzenden Forst Rosengarten mit seinen Reitwegen ideal nachgehen.

Ländliche Ursprungskultur entdeckt man in Ehestorf im „Freilichtmuseum Am Kiekeberg". Wiederaufgebaut wurde ein niedersächsisches Heidedorf aus zwölf Gebäuden, aus dem 17. und 18. Jahrhundert.

Fußläufig erreicht man auch den „Wildpark Schwarze Berge" ein Freizeitpark, der sich der Hege und Pflege von ursprünglich wild lebenden Großtieren und heimischen Waldtieren spezialisiert hat (Flugschauen).

GEMEINDE ROSENGARTEN | TIERPARK SCHWARZE BERGE

Gemeinde Rosengarten, Rathaus
Bremer Straße 42 · **21224 R-Nenndorf**
Telefon: 04108/4333-0
Telefax: 04108/4333-39
rathaus@gemeinde-rosengarten.de
www.gemeinde-rosengarten.de

❖ Freilichtmuseum, Wildpark Schwarze Berge

>> LANDKREIS HARBURG

St. Mauritius-Kirche mit Glockenturm (vor 1620)

< Seevetal > ... 41.727 EINWOHNER – 19 ORTSTEILE

BECKEDORF, BULLENHAUSEN, EMMELNDORF, FLEESTEDT, GLÜSINGEN, GROSS MOOR, HELMSTORF, **HITTFELD***, HÖRSTEN, HOLTORFSLOH, HORST, KLEIN MOOR, LINDHORST, MASCHEN, MECKELFELD, METZENDORF, OHLENDORF, OVER, RAMELSLOH.

Die Seeve, die quer durch das Gemeindegebiet fließt, ist Namensgeberin für 19 ehemals selbstständige Gemeinden. Sie sind für sich genommen ganz unterschiedlich. 1972 entstand als Gemeinde-Sammelbegriff „Seevetal", südlich von Hamburg. Mit seinen Einwohnern ist Seevetal gleichwohl die einwohnerstärkste nicht städtische Gemeinde Deutschlands. Viele Gemeindeteile haben sich ihren kleinstädtischen bis dörflichen Charakter bewahren können. Einige können auf eine mehr als 1000-jährige Geschichte zurückblicken. Ramelsloh wurde bereits im Jahre 845 zuerst urkundlich erwähnt.

Hittfeld ist der „mondäne" Hauptort der Gemeinde. Im Mittelpunkt steht die alte St. Mauritius-Kirche. Bereits 1250 aus Feldsteinen erbaut, war sie Zentrum eines Großkirchspiels. 1983 eröffnete die „Burg Seevetal", ein Veranstaltungszentrum, in dem Ausstellungen, Lesungen und Konzerte stattfinden. Die Hittfelder Mühle, ein Erdholländer von 1875, ist als Diskothek überregional bekannt.

In **Ramelsloh** (Stiftskirche) erreicht die Seeve das Gemeindegebiet, fließt noch recht gemächlich, ehe sie die Horster Wassermühle mit Fischtreppe erreicht. Dort treibt die Seeve ein Wasserrad an, dass den elektrischen Strom für die Gaststätte Schmanns liefert. Seit 1888 ist die Mühle in Familienbesitz. Es ist ein hübscher Ausflugsort zur Einkehr. Wenig später verschwindet die Seeve unter dem riesigen Güter-Rangierbahnhof Maschen. Bei Over erreicht sie schließlich den Elbestrom und hier am Elbdeich endet auch das Gemeindegebiet.

Als Durchreisender kennt man das Maschener Kreuz, eines der größten deutschen Autobahnkreuze. Hier in „Seevetals Mitte" – in **Maschen** – gibt es auch einen Rangierbahnhof der Superlative. Mit 7 km Länge und 700 m Breite ist es Europas größter Rangierbahnhof. Täglich werden rund 300 Güterzüge mit mehr als 4000 Waggons abgefertigt. Zu beobachten ist das am besten von der Decatur-Brücke aus.

> **WL**

Gemeindebücherei Stelle

< Stelle > ... 11.090 EINWOHNER – 4 ORTSTEILE
ASHAUSEN (MIT BÜLLHORN), FLIEGENBERG, ROSENWEIDE
(MIT WUHLENBURG), **STELLE*** (MIT FACHENFELDE).

Stelle wurde erstmalig im Jahr 1197 erwähnt. Der Ortsname bedeutet soviel wie eine „Mehrzahl von Ansiedlungsplätzen". Die heutige Gemeinde liegt zwischen Elbe und dem Staatsforst „Buchwedel". Das Gebiet umfasst sowohl ausgedehnte Geest- als auch Marschflächen, die einst das Urstromtal der Elbe darstellten.

Die Bildung der Einheitsgemeinde erfolgte im Jahr 1972. Damals schlossen sich die ehemals selbstständigen Gemeinden Ashausen mit Büllhorn, Fliegenberg, Rosenweide mit Wuhlenburg und Stelle mit Fachenfelde zusammen.

Im alten Steller Ortszentrum ist die gewachsene Struktur von St. Michaelskirche (1868), Schule (heute Bücherei bzw. Rathaus), Dorfkrug (Gasthaus) und Bauernhöfen noch zu erkennen. Das alte Schulgebäude steht direkt neben der Kirche, war später das Lehrer-Wohnhaus und beherbergt heute die Gemeindebücherei. Das jüngere Schulgebäude steht dem gegenüber und ist heute das Rathaus.

Stelles Haupteinkaufsstraße ist die Harburger Straße. Im Ortsteil Ashausen befindet sich das denkmalgeschützte „ole Hus", das kulturellen Veranstaltungen in der Gemeinde dient.

Fliegenberg und Rosenweide sind vor allem durch die Elbe geprägt. An den Wochenenden zieht es die Besucher häufig dorthin, da man dort lange Spaziergänge am Deich unternehmen kann. (➜ Faslamsumzug, alljährlich im Februar).

GEMEINDE SEEVETAL	**GEMEINDE STELLE**
Gemeindeverwaltung Seevetal Kirchstraße 11 · **21218 Seevetal-Hittfeld** Telefon: 04105/55-0 Telefax: 04105/55-280 und 55-290 E-Mail: poststelle@rathaus-seevetal.de Internet: www.seevetal.de ❖ Güter-Rangierbahnhof Maschen (Decatur-Brücke)	**Gemeinde Stelle** Unter den Linden 18 · **21435 Stelle** Telefon: 04174/61-0 Telefax: 04174/61-60 E-Mail: post@gemeindestelle.de Internet: www.gemeinde-stelle.de

>> LANDKREIS HARBURG

Am Elbdeich

< Samtgemeinde Elbmarsch >... 11.635 EINWOHNER – GEMEINDEN DRAGE (MIT DRENNHAUSEN, ELBSTORF, STOVE, SCHWINDE) – 3.949 EW. **MARSCHACHT*** (MIT RÖNNE, KRÜMSE, NIEDERMARSCHACHT*, OBERMARSCHACHT, EICHHOLZ, OLDERSHAUSEN, HUNDEN) – 3.617 EW. TESPE (MIT AVENDORF UND BÜTLINGEN) – 4.069 EINWOHNER.

Die Elbmarsch befindet sich in einem Elbbogen im ehemaligen Urstromtal der Elbe. Drei Länder Niedersachsen, Schleswig-Holstein und Hamburg treffen hier aufeinander. Die Elbe und der Deich prägen die weitläufige Landschaft mit ihren Marschhufendörfern.

Die Samtgemeinde ist im wesentlichen landwirtschaftlich strukturiert und zieht sich im wesentlichen am Elbdeich entlang. Beginnend von Drage bis nach Avendorf. Dabei verlaufen die einzelnen Ortschaften ähnlich einem aufgelockerten Straßendorf fast kontinuierlich ineinander über. Wohnbauten in Form von Einfamilienhäusern wurden in den letzten Jahren hauptsächlich in Tespe und Schwinde (Ortsteil von Drage) angesiedelt, also dem näheren Einzugsgebiet der naheliegenden Großstadt Hamburg. An vielen kleinen Verkaufsständen entlang der Hauptstraße wird frisches Obst und Gemüse angeboten.

Verwaltungssitz der Elbmarschgemeinden ist Marschacht. Der Name Marschacht geht auf die Bezeichnung „Hahithi" zurück. Das hat die Bedeutung von „umhegter Ort" oder „Gerichtsstätte". Jahrhundertelang war hier nämlich der Sitz einer eigenen Gerichtsbarkeit.

Das Küsterhaus in Marschacht ist eines der schönsten Fachwerkhäuser, es beherbergt heute u.a. das Standesamt. Im Drager Ortsteil Stove gibt es eine Pferderennbahn und eine Sandbank zum Baden. (Campingplatz).

SAMTGEMEINDE ELBMARSCH

Samtgemeinde Elbmarsch
Elbuferstraße 98 · **21436 Marschacht**

Telefon: 04176/9099-0
Telefax: 04176/9099-44

E-Mail: sgelbmarsch.elb@lkharburg.de
Internet: www.elbmarsch.eu

❖ Küsterhaus Marschacht

TOURIST-INFORMATION EGESTORF

Tourist-Information Egestorf
Im Sande 1 · **21272 Egestorf**

Telefon: 04175/1516
Telefax: 04175/802471

E-Mail: egestorf@t-online.de
Internet: www.egestorf.de

❖ St. Stephanuskirche mit Glockenturm

> WL

Riese Bruns vor dem Küsterhaus

< Samtgemeinde Hanstedt > ... 13.133 EINWOHNER – 6 GEMEINDEN ASENDORF, BRACKEL, EGESTORF, **HANSTEDT*** – 5.007 EINWOHNER – MARXEN, UNDELOH – 930 EINWOHNER.

Hanstedt und **Egestorf** sind staatlich anerkannte Erholungsorte. Sie wurden als besonders familiengerechte Ferienorte ausgezeichnet.
Im alten Heidedorf **Egestorf** hat der „Heide-Pastor" Wilhelm Bode lange Zeit gelebt. Er war Pastor an der St. Stephanuskirche (1645), die einen hölzernen Glockenturm besitzt. Der „Heide-Pastor" war maßgeblich an der Schaffung des Naturschutzparks beteiligt. Das Dressler-Haus (1827) beherbergt eine Bilderausstellung über „das alte Egestorf".
Undeloh ist ein vielbesuchter Erholungsort in der Heide. Geprägt durch alte Fachwerkhöfe, urige Findlingsmauern und zahlreiche Ausflugscafés. Hier endet die Autostraße und nach Wilsede geht es nur zu Fuß, Rad oder Kutsche. Hier beginnen die meisten Kutschfahrten nach Wilsede. Sehenswert ist die St. Magdalenen-Kapelle (1198) mit abseits stehendem hölzernen Glockenturn. Die dicken Mauern bestehen aus Findlingen.
Hanstedt an der Schmalen Aue ist das Zentrum. Ihm angeschlossen sind Quarrendorf, Nindorf (mit Wildpark), Ollsen und Schierhorn. Reizvoll ist die Heidehochfläche „Auf den Töps" mit Schafställen und Bienenzäunen. In der St.-Jakobi-Kirche (1882) finden von Juli bis Oktober Konzertveranstaltungen statt. Neben der Kirche befindet sich das Kulturzentrum „Alter Geidenhof". Vor der Kirche liegt der „Hanstedter Platz" mit der Bronzeplastik des „Riesen Bruns". Gegenüber im Küsterhaus (15. Jh.) befindet sich die Touristinformation, eine Bücherei und ein Leseraum.

Wildpark Lüneburger Heide

VERKEHRSVEREIN HANSTEDT	TOURIST-INFORMATION
Tourist-Information Hanstedt Am Steinberg 2 · **21271 Hanstedt** Telefon: 04184/525 Telefax: 04184/89 86 30 E-Mail: info@hanstedt-nordheide.de Internet: www.hanstedt-nordheide.de Ortsteile: Nindorf am Walde, Ollsen, Quarrendorf und Schierhorn.	**Tourist-Information Undeloh** Zur Dorfeiche 27 · **21274 Undeloh** Telefon: 04189/333 Telefax: 04184/507 E-Mail: info@undeloh.de Internet: www.undeloh.de Ortsteile: Meningen, Thonhof, Wehlen, Wesel.

>> LANDKREIS HARBURG

Küsterhaus Hollenstedt

< Samtgemeinde Hollenstedt > ... 10.815 EINWOHNER · 7 GEMEINDEN APPEL, DRESTEDT, HALVESBOSTEL, **HOLLENSTEDT*** – 3.166 EINWOHNER – MOISBURG, REGESBOSTEL, WENZENDORF.

Hollenstedt liegt im Estetal zwischen Buxtehude und Tostedt. Der Ort war bedeutender Markt- und Kirchort für die Gegend. Mit seiner waldreichen, leicht hügeligen Geestlandschaft zählt er noch zum Naherholungsgebiet Hamburgs. Das Flüsschen Este entspringt in der Nordheide, schlängelt sich durch Hollenstedt und Buxtehude, ehe es bei Cranz in die Elbe mündet. Dabei durchfließt sie ein Landschaftsschutzgebiet und gehört zu den saubersten Gewässern Norddeutschlands.

Mitten im Ort steht die 1000 Jahre alte St.-Andreas-Kirche mit hölzernem Glockenturm sowie das 1669 erbaute Küsterhaus, ein Dreiständerhaus. Dort ist der „Eine-Welt-Laden" und die Bücherei untergebracht. In der Nähe befindet sich ein restaurierter Ringwall aus dem 9. Jh.

In einem Wenzendorfer Ortsteil in Dierstorf-Heide war die Boxlegende Max Schmeling zu Hause. Nach seinem Tod 2005 wurde der Boxer neben seiner Ehefrau, der Schauspielerin Anny Ondra, begraben. Das Grab liegt auf dem Hollenstedter Friedhof.

Der Name **Moisburg** kommt von der „Mosetheborg", einer Wasserburg von 1322. Sie stand auf dem Gelände, wo heute das Amtshaus steht. Moisburg war schon früh Verwaltungsmittelpunkt des Amtes Moisburg. Die Moisburger Mühle wurde Amtsmühle, was bedeutete Zwangsmühle oder auch Bannmühle. Die Bauern des Amtes mussten hier ihr Korn mahlen lassen. Die 1639 erbaute Amtsmühle steht dem Amtshaus gegenüber und beherbergt heute ein Mühlenmuseum des Landkreises.

TOURIST-INFORMATION

Am Markt 10 · **21279 Hollenstedt**

Telefon: 04165/80044
Telefax: 04165/80481
gemeinde-hollenstedt@t-online.de
www.hollenstedt.de

Ortsteile: Emmen, Ochtmannsbruch, Staersbeck, Wohlesbostel.

AMTSMÜHLE MIT MÜHLENMUSEUM

Heimathaus Jesteburg

< Samtgemeinde Jesteburg > ... 10.788 EINWOHNER – 3 GEMEINDEN BENDESTORF, HARMSTORF, **JESTEBURG*** – 7.503 EINWOHNER.

Jesteburg mit ihren Ortsteilen Itzenbüttel, Lüllau und Osterberg liegt am Südrand des Klecker Waldes in einer Fluss- und Wiesenlandschaft. Die Entfernung zum Naturschutzpark Lüneburger Heide beträgt nur 10 Kilometer. In Jesteburg befindet sich die älteste Glocke des Lüneburger Landes, gegossen im Jahr 1190. Sie schlägt im hölzernen Glockenturm, gleich neben der St.-Martins-Kirche. Beeindruckend ist der Niedersachsenplatz mit großem Bestand an uralten Eichen und einer Gruppe gut erhaltener historischer Reetdachhäuser. Dazu zählt das Heimathaus („Smees-Hoff") mit Museum und Zehntscheune (Bücherei). Eine der neuen Attraktionen ist das Puppenmuseum mit Café. Gezeigt werden Puppen und Spielzeug verschiedener Epochen. Jesteburg verfügt über die Waldklinik „Rüsselkäfer" mit moderner Bäderabteilung. Ein vielbesuchtes Ziel ist die Kunststätte des Malers und Architekten Michael Bossard (1874-1950) in Lüllau. Der Künstler schuf mit Hilfe seiner Frau ein Gesamtkunstwerk aus fast 5000 Einzelobjekten. Den Kern bilden Wohn- und Atelierhaus, sowie ein Kunsttempel und eine Parklandschaft mit Kunstskulpturen.

Bendestorf hat eine berühmte Film-Vergangenheit. Davon zeugt heute leider nur noch das Filmmuseum im „Makens-Huus" (Gemeindehaus). Zahlreiche Filme der Nachkriegszeit wurden in Bendestorf gedreht.

Die Thiemann-Scheune war früher Stallgebäude und wird heute als Begegnungsstätte (Treffpunkt) und Ausstellungsraum genutzt.

Einen malerischen Ortskern mit Bauernhäusern und mächtigen Hofeichen hat auch das Dorf Itzenbüttel.

TOURIST-INFORMATION

Touristinformation Jesteburg
Hauptstraße 66 · **21266 Jesteburg**

Telefon: 04183/5363
Telefax: 04183/5340
E-Mail: info@vv-jesteburg.de
Internet: www.vv-jesteburg.de

Ortsteile: Itzenbüttel und Lüllau,

„MAKENS-HUUS"-FILMMUSEUM

>> LANDKREIS HARBURG

Romantik-Hotel Josthof

< Samtgemeinde Salzhausen > ... 14.088 EINWOHNER – GEMEINDEN EYENDORF, GARLSTORF, GARSTEDT, GÖDENSTORF, **SALZHAUSEN** * – 4.526 EINWOHNER – TOPPENSTEDT, VIERHÖFEN, WULFSEN.

Eyendorf hat als Wahrzeichen eine Erdholländer-Windmühle (1897), bei der sich nur die Haube im Wind dreht. Nahebei finden sich etwa 4000 Jahre alte Steingräber. An der alten Wassermühle in Wulfsen ist ein restauriertes Sägewerk zu besichtigen.

Garlstorf liegt am Ostrand des Naturschutzparks Lüneburger Heide zwischen den Tälern der Luhe und der Aue. Mit seinen strohgedeckten Niedersachsenhäusern hat der Ort seinen Ursprungscharakter bewahren können. Die Holländerwindmühle von 1865 ist das Wahrzeichen. In Gödenstorf finden sich Überreste eines 2000-jährigen Backofens. Hünengräber befinden sich am Höllenberg (Schießsportanlage).

Salzhausen ist eine 1000-jährige Gemeinde mit zahlreichen Bauernhäusern. Sie liegt umgeben von ausgedehnten Mischwäldern nahe dem Heideflüsschen Luhe. Mitten im Ort ist der Paaschberg mit Aussichtsturm (70 m). In der Dörpschün (Fachwerkscheune von 1778) finden regelmäßig Konzerte und kulturelle Veranstaltungen statt. Die Johanniskirche ist eine typische Heidekirche (13. Jh.) mit hohen Findlingsmauern. Ein kleines Museum mit Exponaten zur Geschichte der Feuerwehr befindet sich in einem hölzernen Schlauchturm von 1902. Überregional bekannt als Reitzentrum ist der kleine Nachbar, der Ortsteil Luhmühlen. Hier befindet sich das Mekka des Pferdesports. Vor großem Publikum finden alljährlich die Meisterschaften im Vielseitigkeitsreiten statt.

Reiterdorf Luhmühlen

VERKEHRS- UND KULTURVEREIN

Verkehrs- und Kulturverein
Rathausplatz 1 · **21376 Salzhausen**

Telefon: 04172/909915
Telefax: 04172/999036
E-mail: vkv@rathaus-salzhausen.de
Internet: www.vkv.salzhausen.de

Ortsteile: Luhmühlen, Oelstorf u. Putensen

VERKEHRSVEREIN GARLSTORF

Verkehrsverein Garlstorf e.V.
21376 Garlstorf

Telefon: 04172/6923
Telefax: 04172/980253
E-mail: vv-garlstorf@t-online.de
Internet: www.garlstorf.de

❖ Holländerwindmühle

> **WL**

Heimathaus, als Pastorenscheune 1829 erbaut

< Samtgemeinde Tostedt > ... 25.465 EINWOHNER – 9 GEMEINDEN DOHREN, HANDELOH, HEIDENAU, KAKENSTORF, KÖNIGSMOOR, OTTER, **TOSTEDT*** – 13.219 EINWOHNER – WELLE, WISTEDT.

Handeloh hieß früher Handorf (= hohes Dorf). Der Name leitet sich von der relativ hohen Lage auf dem Hügelrücken zwischen Seeve- und Estetal ab. Der Ort war einst ein wichtiger Marktort für Holzverkäufe und Auktionen, eine Art Verkaufsmesse der Holzhändler Nordniedersachsens. Nördlich und südlich des Ortes sind Wallreste vorhanden.
Viele alte Bauernhäuser sind vorhanden, besonders Hof Kröger in Wörme. Er steht mit einer Hofscheune von 1767 unter Denkmalschutz. Handeloh wurde bekannt als Drehort der Kinder-Fernsehserie „Neues vom Süderhof". Besonders schön ist die Heidelandschaft im Büsenbachtal und die Dröge Heide südlich des Ortes (➜ Naturkundliches Museum). Unweit von Handeloh befindet sich das abgelegene Dorf Wehlen (Seevewanderweg). Es gehört mit zu den ursprünglichsten Dörfern.

Tostedt, an ihrem westlichen Rand gelegen, gilt als Tor zur Heide. Seit dem 16. Jahrhundert ist Tostedt Gerichtsort. Im Osten der Gemeinde fließt die Este, während die Oste südlich des Zentrums entspringt. Am „Himmelsweg" steht die neugotische Johanniskirche (erbaut 1878-1880). Gleich daneben das Heimathaus des Heimatvereins. Tostedt hat Reiterhöfe, Wander- und Fahrradwege sowie einen Naturbadesee, der einmal eine Kiesgrube war. Volksfeststimmung kommt am ersten Wochenende im Oktober auf. Dann strömen Händler, Trödler und Sammler zum größten Flohmarkt Norddeutschlands – dem Töster Markt. Bereits seit 1973 gibt es ihn. Über 700 Stände ergeben eine Standfrontfläche von etwa 6,4 Kilometern.

TOURIST-INFORMATION	BÜRGER- UND VERKEHRSVEREIN
Rathaus Tostedt Schützenstraße 24 · **21255 Tostedt** Telefon: 04182/298138 Fohmarkt: 23123 Telefax: 04182/298108 Internet: www.tostedt.de Ortsteile: Dreihausen, Todtglüsingen, Wüstenhöfen	**Tourist-Information Handeloh** Am Markt 1 · **21256 Handeloh** Telefon: 04188/891011 Telefax: 04188/891012 E-Mail: bvv@handeloh.de Internet: www.handeloh.de Ortsteile: Höckel, Inzmühlen und Wörme

>> LÜCHOW-DANNENBERG

FLÄCHE: 1219,80 km² ◆ **BEVÖLKERUNG: 49.918**

STADT LÜCHOW · 9.531 EINWOHNER plus 23 OT

Lüchow liegt an der Jeetzel im Hannoverschen Wendland. Um das Jahr 1000 taucht die Kleinstadt als slawische Ringwallsiedlung erstmals auf. 1144 wird Lüchow als Sitz einer Grafschaft erwähnt, 1274 erstmals als Stadt. Die Grafschaft fiel 1320 an das Herzogtum Braunschweig-Lüneburg. Nach dem Großbrand von 1811 wurde die Stadt in regelmäßiger Anlage wieder aufgebaut. Das Stadtbild ist heute geprägt durch alte Fachwerkhäuser mit Zwerchgiebeln, die liebevoll restauriert wurden. Das etwas spartanisch anmutende Fachwerk ist besonders in der Hauptstraße (Lange Straße) in einheitlichem und geschlossenem Baustil zu betrachten. Zwei bronzene Leinenweberinnen vor dem Brunnen auf dem Marktplatz erinnern an die Zeit, als die Region mit wendländischen Qualitätsleinen einen gewissen Wohlstand erlangte.

Die Stadt lockt heute mit vielen Geschäften, Boutiquen und Cafés, die zum gemütlichen Bummeln und Stöbern einladen. Ihr Wahrzeichen ist die Ruine des Amtsturmes (mit Heimatmuseum), die vom gräflichen Schloss übrig geblieben ist. Das Umland ist vorwiegend landwirtschaftlich geprägt („Naturpark Elbufer-Drawehn"). Drawehn ist slawischen Ursprungs und heißt Holzland.

Lüchows Ortsteile: Beutow, Bösel, Banneick, Reddebeitz, Gollau, Lüsen, Grabow, Jabel, Jeetzel, Kolborn, Künsche, Krautze, Loge, Plate, Müggenburg, Ranzau, Reetze, Rehbeck, Saaße, Satemin, Seerau in der Lucie, Tarmitz, Weitsche.

INFOPUNKT LÜCHOW

Tourismusverein Region Wendland
Burgstraße 2 · **29439 Lüchow**

Telefon: 05841/961 18 21
Telefax: 05841/961 18 24
E-mail: info@region-wendland.de
Internet: www.region-wendland.de

❖ Amtsturm mit Heimatmuseum

WENDLANDMUSEUM LÜBELN

> **DAN**

Informationshaus Bergen

< Samtgemeinde Lüchow (Wendland) > ... 24.914 EINWOHNER
BERGEN (DUMME), CLENZE (FLECKEN)* – 2.284 EINWOHNER – KÜSTEN,
LEMGOW, LUCKAU, LÜBBOW, **LÜCHOW, STADT*** – 9.531 EINWOHNER –
SCHNEGA, TREBEL, WADDEWEITZ, WOLTERSDORF, WUSTROW, STADT –
3.006 EINWOHNER.

Eine Feste der Ritter de Monte (= von Bergen) sollte den Dummeübergang sichern. Jahrhundertelang war **Bergen** Zoll- und Grenzstation zwischen Braunschweig-Lüneburg und Brandenburg, später zwischen Preußen und Hannover. Zweigeschossige einheitliche Fachwerk-Ackerbürgerhäuser prägen den heutigen Ort und bieten ein geschlossenes spätklassizistisches Straßenbild. Inmitten der Bürgerhäuser steht die Pauluskirche mit einer bemerkenswerten Orgel (1842).

Clenze ist Zentrum einer ländlichen Umgebung. Es besticht durch seine Ackerbürger- und Handwerker-Fachwerkhäuser. Ein besonders schön restauriertes Bürgerhaus ist das „Blaue Haus". Es beherbergt ein Museum zur Wirtschafts-, Alltags- und Sozialgeschichte (Tel. 05844/554). Das „Alte Bürgerhaus" dient als Bücherei und der Gästeinformation. Clenze liegt im Übergang zwischen den waldreichen Höhen des Hohen Drawehn und den offenen und breiten Wiesentälern des Niederen Drawehn. Der „Findlingspark Clenzer Schweiz" befindet sich bei Reddereitz. Hier kann man Natur erleben und Geologie verstehen.

Besonderheiten weist das Gebiet der Clenzer Schweiz auf. Hier sind Rundlinge das Markenzeichen. Zwei-, drei- und vierständige niedersächsische Hallenhäuser gruppieren sich dicht gedrängt „kreisförmig" um den Dorfplatz. Alle drei Typen nebeneinanderstehend gibt es nur noch in Breese im Bruche bei Dannenberg. Es führt zumeist nur eine Straße in das von dichtem Grün umgebene Dorf. Eine weitere Besonderheit sind die Kirchen und Kapellen. Sie sind zumeist schlicht und befinden sich stets außerhalb der Dorfrunde. Eine der ältesten Feldsteinkapellen befindet sich in Thune, einem Ortsteil von Schnega. Eine Kostbarkeit stellt die Andreaskirche zu Gistenbeck mit einem Reetdach und dem schindelgedeckten Holztürmchen dar. An den Bachläufen in der Clenzer Schweiz befinden sich auch Wassermühlen. Auch wenn sie nicht mehr in Betrieb sind. Ihren Reiz haben sie behalten.

> WENDLAND

"Wendlandhof" im Rundlingsdorf Lübeln

Schnega liegt in der Swinmark. Der Ort hat einen historischen Marktplatz, Zwinger und eine Wassermühle. Bemerkenswert sind auch die bronzezeitlichen Hügelgräber in der Umgebung. 1570 Einwohner verteilen sich auf immerhin 22 Ortsteile. Göhr besitzt ein Grenzlandmuseum.
Ortsteile: Billerbeck, Gielau, Gledeberg, Göhr (Grenzlandmuseum), Grotenhof, Harpe, Kreyenhagen, Külitz, Leisten, Loitze, Lütenthien, Molden, Oldendorf, Proitze, Schäpingen, Schnega-Bahnhof, Solkau, Starrel, Thune, Varbitz-Bahnhof, Warpke und Winterweyhe.

Auch die Gemeinde **Küsten** zählt immerhin 18 Ortsteile.
Sie lauten: Belitz, Göttien, Gühlitz, Karmitz, Krummasel, Küsten*, Klein Witzeetze, Lübeln, Meuchefitz, Naulitz, Saggrian, Sallahn, Schwiepke, Seerau, Süthen, Tolstefanz und Tüschau.

Touristisch am weitesten entwickelt ist **Lübeln**. Es stellt sich als eines der geschlossensten Rundlingsdörfer dar. Am fast runden Dorfplatz wurde der originalgetreu eingerichtete Wendlandhof von 1823 zu einem Rundlingsmuseum. Ihm angeschlossen sind weitere 12 historische Gebäude sowie Ziehbrunnen, Töpferstube, Bauerngarten u. a. Zusammen bilden sie das Freilichtmuseum. Man kann alte Geräte und Möbel besichtigen und lernt Wesentliches über das wendländische Bauerntum und die Entstehung der Rundlinge (Vorführungen, Mitmach-Aktionen).

Lemgow ist ein landschaftliches Gebiet im Südosten des Kreises. Die Flächengemeinde trägt diesen Namen und besteht aus 12 Orten.
Die Ortsteile heißen im einzelnen: Bockleben, Großwitzeetze, Kriwitz, Predöhl, Prezier, Puttball, Schletau, Schmarsau, Schweskau, Simander, Trabuhn* (Wohnsitz des Bürgermeisters), Volzendorf.

Trebel (mit 11 Orten) besitzt ein Juwel. In seiner Kirche (1250) befindet sich eine „Steinorgel" (1775), erbaut von Johannes Stein d. Ä. aus Lüneburg (1777 eingebaut). Es ist das einzige unverändert erhalten gebliebene Instrument dieses Orgelbaumeisters. Konzerte auf dieser Denkmalsorgel gespielt, wurden schon vom NDR übertragen. Unweit von Trebel beginnt die Nemitzer Heide. Sie entstand nach einem verheerenden Waldbrand in den 1970er Jahren und ist heute ein schönes Ausflugsziel mit dem „Heidehaus" (Café mit einer Dauerausstellung).

> DAN

Satemins Kirche steht außerhalb des Dorfplatzes

Die kleine Stadt **Wustrow** gehört ebenfalls zur Samtgemeinde. Sie liegt etwa 5 Kilometer südlich von Lüchow, direkt an der Jeetzel. Ein alter Stadtkern mit dem Marktplatz bildet das Zentrum. Einige der Nachbardörfer gehören zur Stadt und so erstreckt sich das Stadtgebiet recht großflächig im südlichen Bereich des Landkreises.

Die Bildung der Rundlinge geht auf die Neuordnung der wendischen Fluren bei der Eindeutschung des Wendlandes zurück. Die Bauernhäuser standen im kleinen Halbrund um einen Schulzenhof oder zunehmend im weiten, offenen Rundbogen, die sich fast bis zur Kreisform schließen konnten. Zentrales Rundlingsgebiet ist der niedere Drawehn links und rechts der Straße zwischen Lüchow und Clenze.

Der Rundling **Satemin** ist zum Beispiel heute ein Ortsteil von Lüchow. Er ist zwar nicht besonders alt. Da er aber nach der Brandzerstörung des alten Dorfes (1850) im gleichen Stil wiederaufgebaut wurde, ist er besonders eindrucksvoll anzuschauen. Einheitlich gestaltete Fachwerkhäuser gruppieren sich rings um den begrünten Dorfplatz mit Teich. Der Dorfplatz hat eher die Form eines Trapezes als eines Kreises. Mit zwölf „Hufen" ist er tatsächlich auch der größte und hat deshalb auch einen so wuchtigen Kirchturm. Im Haus Nr. 1 produziert und verkauft eine Töpferei Keramikwaren und serviert im angeschlossenen »Wendland-Café« Kaffee und Kuchen (Apr.-Okt. 11-18 Uhr).

ELBTALAUE-WENDLAND-TOURISTIK

Elbtal-Wendland-Touristik GmbH
Lübeln 2 · **29482 Küsten**
Telefon: 05841/96290
Telefax: 05841/962929
E-Mail: info@elbtalaue-wendland.de
Internet: www.elbtalaue-wendland.de

❖ Freilichtmuseum „Wendlandhof"

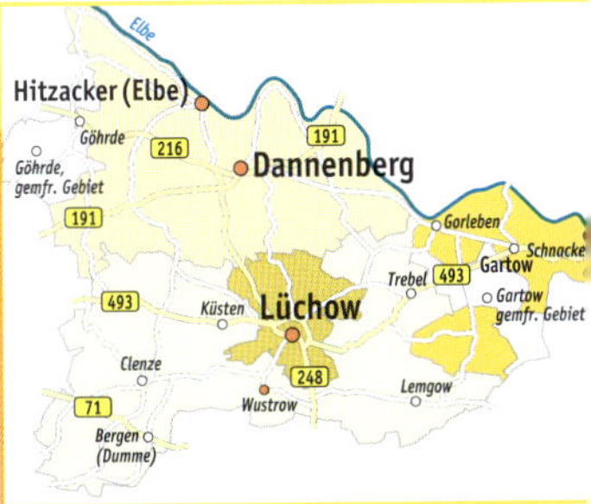

> ELBTALAUE

Waldemarturm

> **< Samtgemeinde Elbtalaue >** ... 21.176 EINWOHNER – 10 GEMEINDEN DAMNATZ, **DANNENBERG, STADT** * – 8.247 EINWOHNER – GÖHRDE, GUSBORN, HITZACKER, STADT – 4.927 EINWOHNER – JAMELN, KARWITZ, LANGENDORF, NEU DARCHAU, ZERNIEN.

Dannenberg hat gleich zwei Türme als Wahrzeichen. Zum einen den Turm der St. Johanniskirche und nahebei der Waldemarturm mit der Barockhaube als Rest des Burgschlosses. Darin befindet sich heute das Heimatmuseum (Stadtgeschichte). Dannenbergs Fachwerkhäuser sind schon über 300 Jahre alt. Der Thielenburger See grenzt direkt an den Stadtkern. Treffpunkt für Künstler und Publikum ist das „Ohmsche Haus" am See. Hier finden kulturelle Veranstaltungen statt. Beliebt ist das Feuerwehrmuseum im Ortsteil Tramm und die Vorstellungen des Marionettentheaters im ehemaligen Feuerwehrhaus am Waldemarturm.

Hitzacker ist staatlich anerkannter Luftkurort. Er liegt im Biosphärenreservat „Flusslandschaft Elbe". Die Innenstadt mit farbenprächtigen Fachwerkbauten schmiegt sich an Deutschlands nördlichsten Weinberg. Umschlossen wird die Stadtinsel von den Armen der Jeetzel. Direkt am Hitzacker See wurde eine bronzezeitliche Siedlung entdeckt. Auf dem Ausgrabungsareal sind drei nachgebaute bronzezeitliche Langhäuser Teil des „Archäologischen Zentrums Hitzacker", das mit Ausstellungen und Aktionstagen einlädt. 10 km westlich von Hitzacker dehnt sich der Staatsforst Göhrde (64 qkm) als ehemals kaiserliches Jagdrevier aus. Im Walddörfchen Göhrde befindet sich im ehemaligen „Celler Stall" (1672) seit 1985 ein Waldmuseum (Forst, Jagd, Flora, Fauna, Geologie des Urstromtals Elbe). Im „Bildungszentrum Jagdschloss Göhrde" werden in aller Zivilisations-Abgeschiedenheit Seminare veranstaltet.

GÄSTE-INFORMATION DANNENBERG

Rathaus Dannenberg
Am Markt 5 · 29451 Dannenberg
Telefon: 05861/808545
Telefax: 05861/986685
E-Mail: i.dan@web.de
Internet: www.dannenberg.de

❖ Waldemarturm und Marionettentheater

KUR- UND TOURISTINFORMATION

Kur- und Tourist-Information
Am Markt 7 · 29456 Hitzacker (Elbe)
Telefon: 05862/96970
Telefax: 05862/969724
E-Mail: hitzacker@elbtalaue-wendland.de
Internet: www.hitzacker.de

❖ Archäologisches Zentrum Hitzacker

> **DAN**

Schloss Gartow (1710)

< Samtgemeinde Gartow > ... 3.828 EINWOHNER – 5 GEMEINDEN
GARTOW (FLECKEN) * – 1.399 EINWOHNER – GORLEBEN, HÖHBECK, PREZELLE, SCHNACKENBURG, STADT – 610 EINWOHNER.

1225 wurde erstmals die Burg der Herren von Gartow genannt. An ihrer Stelle steht heute das Schloss (1710) des Grafen Bernstorff. Unter ihm wurde die Barockkirche St. Georg 1721 in der damals modernen Bauweise errichtet. Die gesamte Einrichtung stammt aus dieser Zeit.

Der Graf besitzt mit dem Gartower Forst (5400 Hektar) den größten Privatwald Norddeutschlands. Hier stoßen nicht nur vier Bundesländer (fast) aneinander, sondern auch die Natur- und Kulturlandschaften des Wendlandes, der Altmark, der Westprignitz und des südlichen Mecklenburgs (Autofähren Pevestorf-Lenzen und Schnackenburg-Lütkenwisch). Der 67 Hektar große Gartower See ist für Wassersport aller Art geeignet. Gartow verfügt auch über eine Wendland-Therme und einen Campingpark. Ein Grenz- und Naturlehrpfad (mit Infotafeln) führt 10 km entlang der ehemaligen Grenze von Gartow nach Schnackenburg, der kleinsten Stadt Niedersachsens. Dort gibt es ein Grenzlandmuseum (im Fischerhaus). Die kleine Stadt war einst Elbzollstätte. Das Museum beschränkt sich nicht nur auf die Dokumentation der Grenzanlagen der DDR, sondern versucht auch die Auswirkungen auf die Menschen, die an der Grenze leben mußten, darzustellen. Neben Uniformen und Ausrüstungsgegenständen der Zöllner und Beamten des Bundesgrenzschutzes zeigt es die Uniformen und Ausrüstung der Grenztruppen der DDR. Ein Zwischenlager für abgebrannte Brennelemente aus Atomkraftwerken und ein Erkundungsbergwerk für die Endlagerung – dafür steht der Name Gorleben.

TOURIST-INFORMATION GARTOW

Tourist-Information Gartow
Nienwalder Weg 2 · **29471 Gartow**

Telefon: 05846/333
Telefax: 05846/2288
E-Mail: gartow@elbtalaue-wendland.de
Internet: www.gartow.de

❖ Wendland-Therme, Schloss Gartow

GEMEINDEKIRCHE GARTOW

REGISTER

A / B
Adendorf (LG) 35
Ahlden (Flecken) (SFA) 58
Amelinghausen (LG) 38
Amt Neuhaus (LG) 36

Bad Bevensen, Stadt (UE) 69
Bad Bodenteich (Flecken) (UE) 70
Bad Fallingbostel, Stadt (SFA) 48
Bardowick (Flecken) (LG) 39
Barendorf (LG) 43
Bergen, Stadt (CE) 9
Bienenbüttel (UE) 67
Bispingen (SFA) 49-51
Bleckede, Stadt (LG) 37
Bomlitz (SFA) 52
Brome (Flecken) (GF) 26
Buchholz (Nordh.), Stadt (WL) 77

C / D
Celle, Stadt (CE) 8
Clenze (Flecken) (DAN) 89
Dahlenburg (Flecken) (LG) 40
Dannenberg, Stadt (DAN) 92

E / F
Ebstorf (Flecken) (UE) 68
Eschede (CE) 16
Faßberg (CE) 10

G / H
Gartow (Flecken) (DAN) 93
Gifhorn, Stadt (GF) 22
Hambühren (CE) 11
Hankensbüttel (GF) 27
Hanstedt (WL) 83
Hermannsburg (CE) 12
Hitzacker, Stadt (DAN) 92
Hodenhagen (SFA) 60
Hollenstedt (WL) 84

I / J
Isenbüttel (GF) 28
Jesteburg (WL) 85

L
Lachendorf (CE) 18
Lüchow, Stadt (DAN) 88
Lüneburg, Stadt (LG) 34

M / N / O
Marschacht (WL) 82
Meine (GF) 30
Meinersen (GF) 29
Melbeck (LG) 42
Munster, Stadt (SFA) 53
Neu Wulmstorf (WL) 78
Neuenkirchen (SFA) 54
Oerbke (SFA) 63

R
Reppenstedt (LG) 41
Rethem (Aller), Stadt (SFA) 61
Rosche (UE) 71
Rosengarten-Nenndorf (WL) 79

S / T
Salzhausen (WL) 86
Sassenburg (GF) 23
Scharnebeck (LG) 44-45
Schnackenburg, Stadt (DAN) 93
Schneverdingen, St. (SFA) 55-56
Schwarmstedt (SFA) 62
Seevetal-Hittfeld (WL) 80
Soltau, Stadt (SFA) 57
Stelle (WL) 81
Suderburg (UE) 72
Tostedt (WL) 87

U
Uelzen, Stadt (UE) 66
Undeloh (WL) 81
Unterlüß (CE) 13

W
Walsrode, Stadt (SFA) 58
Wathlingen (CE) 19
Wesendorf (GF) 31
Weyhausen (GF) 25
Wienhausen (CE) 17
Wietze (CE) 14
Wietzendorf (SFA) 59
Wilsede (SFA) 48-49
Winsen (Aller), Stadt (WL) 15
Winsen (Luhe), Stadt (WL) 76
Wittingen, Stadt (GF) 24
Wrestedt (UE) 73
Wustrow, Stadt (DAN) 91

WEITERE AUSGABEN

BEREITS ERSCHIENEN

TITEL FOLGEN*

Saarland-Pocket (2. Auflage)
ISBN 978-3-930027-10-1, 96 Seiten,
52 Gemeinden, Preis: 6.00 €

Baden-Württemberg-Pocket,
ISBN 978-3-930027-11-8, 192 Seiten,
1111 Gemeinden, Preis: 9.00 €

Rheinland-Pfalz-Pocket,
ISBN 978-3-930027-12-5, 160 Seiten,
2306 Gemeinden, Preis: 8.00 €

Franken-Pocket,
ISBN 978-3-930027-13-2, 128 Seiten,
732 Gemeinden, Preis: 7.00 €

Schleswig-Holstein-Pocket,
ISBN 978-3-930027-14-9, 112 Seiten,
Alle Gemeinden, Preis: 6.50 €

Mecklenburg-Vorpommern-Pocket,
ISBN 978-3-930027-15-6, 112 Seiten,
Alle Gemeinden, Preis: 6.50 €

Brandenburg-Pocket,
ISBN 978-3-930027-16-3, 96 Seiten,
421 Gemeinden, Preis: 6.00 €

Thüringen-Pocket,
ISBN 978-3-930027-17-0, 128 Seiten,
992 Gemeinden, Preis: 7.00 €

Oberbayern-Pocket,
ISBN 978-3-930027-18-7, 112 Seiten,
500 Gemeinden, Preis: 6.50 €

Sachsen-Anhalt-Pocket,
ISBN 978-3-930027-19-4, 112 Seiten,
Alle Gemeinden, Preis: 6.50 €

Sachsen-Pocket,
ISBN 978-3-930027-20-0, 128 Seiten,
Alle Gemeinden, Preis: 7.00 €

Ostbayern-Pocket,
ISBN 978-3-930027-21-7, 96 Seiten,
484 Gemeinden, Preis: 6.00 €

Bayerisch-Schwaben-Pocket,
ISBN 978-3-930027-22-4, 64 Seiten,
340 Gemeinden, Preis: 5.00 €

Hessen-Pocket,
ISBN 978-3-930027-23-1, 160 Seiten,
426 Gemeinden, Preis: 7.95 €

Münsterland-Pocket,
ISBN 978-3-930027-24-8, 96 Seiten,
66 Gemeinden, Preis: 5.95 €

IMPRESSUM

Grundsätzliches

Die hier vorliegende Zusammenstellung aller Gemeinden (mit Stand vom 30.06. 2009) ist mit größter Sorgfalt, auf Basis und mit dem Material der Statistischen Landesämter zusammengetragen worden. Quellen und Material, das uns freundlicherweise zur Verfügung gestellt wurde, beansprucht nicht die Gewähr auf Richtigkeit und Vollständigkeit. Die Aufzählung der Gemeinden beruht auf der Gebietsreform, die Anfang der 1970er Jahre in Niedersachsen vorgenommen wurde.

Dank

Den zahlreichen Fremdenverkehrsvereinen, Gemeindeverbänden und Landkreisen an dieser Stelle ein herzliches Dankeschön für ihre schnelle und unbürokratische Hilfe bei der Bereitstellung von verwertbarem Material, Beschreibungen und Hinweisen.

Hinweis

Alle Zahlenangaben sind sorgfältig geprüft, sie erscheinen allerdings ohne Gewähr. Für weitere Hinweise und Verbesserungsvorschläge ist der Verlag jederzeit aufgeschlossen und dankbar, wir bitten um schriftliche Zusendungen.

Kartengrundlage:

Vektordaten – VG 1000,
Bundesamt für Kartographie und Geodäsie (Frankfurt a. M.) alle Karten

Grafische Umsetzung:

Kartengrafik Vogelmann, Mannheim
www.kartengrafik.de

Bildnachweis:

Maywald, Detlef, alle Fotos außer:
Gemeinde Sassenburg S. 23; J. Dürheide, Boldecker Land S. 25; Südheide Gifhorn Tourismus GmbH S. 31; Touristinformation Amt Neuhaus S. 36 (2); SG Amelinghausen S. 38; Schneverdingen-Touristik S. 55; Saskia Schutter S. 56, Titel.

© 2010 by Impress Verlag, Hamburg
 1. Auflage

Alle Rechte beim Verlag, dies betrifft die Rechte der Übersetzung in fremde Sprachen sowie reprotechnischer Umsetzung und anderer Vervielfältigungen. Ohne Genehmigung des Verlags darf weder im ganzen noch in Teilauszügen veröffentlicht werden. Das Übernehmen und Kopieren der Darstellungsweise und des Verzeichnissystems ist verboten und wird strafrechtlich verfolgt.

Unsere Anschrift:

Impress Verlag Hamburg
Redaktion »Gemeindeführer«
Hinrichsenstraße 20a
20535 Hamburg

E-Mail: info@impress-verlag.de

Redaktion und Projektleitung:
Detlef Maywald

Druck:
QuickPrinter, Overath

Gedruckt auf chlor- und säurefreiem Papier

ISBN 978-3-930027-25-5